“読むゴルフ”の
最高傑作 ここに甦る。
夏坂健 Best of Best

誇り高き
ダブル
ボギー

JN217134

目次

装丁　副田高行
絵　村上豊

1番ティで「チュッ！」

　1886年、東京帝国大学に招かれて英語と英文学を講じたスコットランド生まれの文学者、ジェームズ・ディクソンの随筆によると、初めて目撃した冬のロンドンの光景たるや陰鬱《いんうつ》そのもの、陰画の世界だった。

　林立する煙突からもうもうと立ち登る煤煙が鉛色の雲に上昇を遮《さえぎ》られて逃げ場を失い、ぶ厚い煤《すす》の層となって昼なお暗く、おどんだ冷気が足元にまとわりついて終日ふるえが止まらなかったという。石炭が暖房の主役から退くまでのロンドン界隈を称して、彼はこのように書いた。

「石の都は、焔《ほのお》のない炎上をくり返す」

　世界最古のクラブ対抗戦が始まった日も例外ではなかった。1878年3月6日、朝から寒い日だったが、正午のティオフが待ち切れない両校の学生と卒業生、その家族、さらには新聞報道で知った一般ギャラリーまでが底冷えのするウィンブルドン公営コースに詰めかけ、足踏みしながら試合開始をいまや遅しと待ちかねていた。

　ゴルフに限らず、ラグビー、ボートからビリヤードに至るまで、オックスフォードとケンブリッジの両大学は開闢《かいびゃく》以来すさまじいライバル意識に燃えてきた。そもそもパブで同席した双方の理事が、黒ビールの一気飲みをめぐって意地の張り合い、勝った負けたが騒ぎの発端。翌日になると60人もの酒豪が集まって20樽の勝負酒がくり広げられたといわれる。イギリスでは両校の名をまとめて「オックスブリッジ」と呼ぶが、因縁の対決もビールがきっかけとは稚気の極みである。

さて、試合は双方10選手によってマッチプレー形式で始まった。思えば1860年に第1回大会が開かれた全英オープンに遅れること僅か18年、以来戦時中を除いてこんにちまで試合は果てしなく続

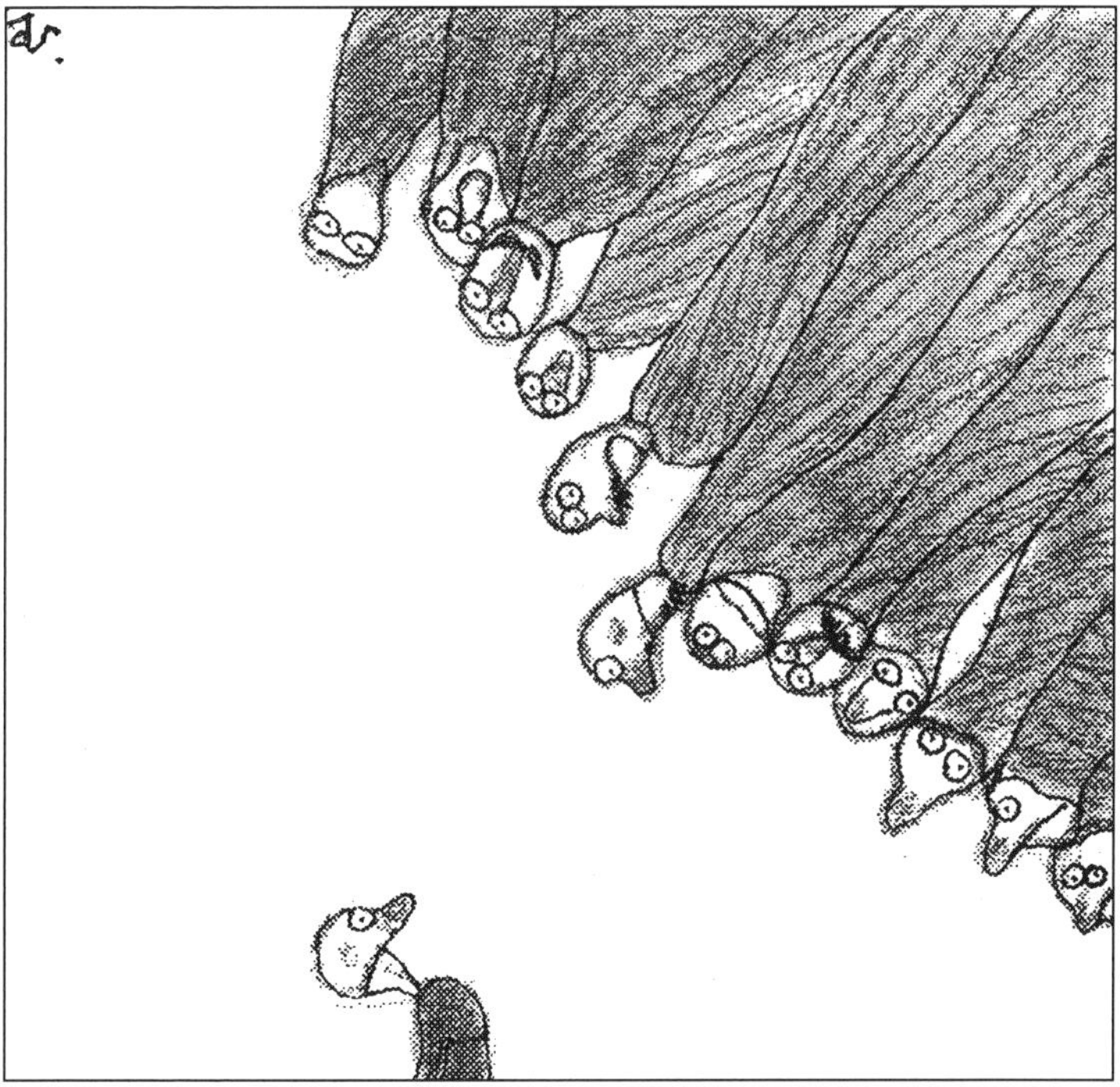

いているのだから、応援団にしても気合いが違う。選手の1打1打に歓声と悲鳴が交叉して一種異様な雰囲気が充満する。選手として出場したこともあるゴルフの名エッセイスト、バーナード・ダーウィンによると、

「おびただしい数の応援団がぴったり密着するため、プレッシャーで呼吸困難に陥ったこと再三。周囲の人垣から発せられる体温のお陰で寒さこそ感じないものの、いざアドレスに入ると数百数千のマバタキの音、心臓の鼓動、殺した息から漏れる緊張感など、神経が悲鳴をあげる状況の中でクラブを振らなければならない。あれこそが極限のゴルフの決定版、選手は全英オープンの100倍以上もの重圧と闘うことになる」

試合はケンブリッジが2連勝したあと、オックスフォードが3連勝して異様な盛り上がりを見せた。第6回大会からロンドン市中の公営馬券売場が介入、ラグビー、サッカーと肩を並べて堂々と賭け札が売られるようになったからたまらない。ポケットマネーをはたいた一般市民が贔屓《ひいき》のチームに密着、

「こら、しっかり打たんかい！」

心ない声援が飛び交って、選手の重圧はいや増すばかり。プロでも耐えられない過酷な状況だが、ボールを打つのは純朴な学生である。1912年の試合では、ケンブリッジ大のJ選手が涙ながらに棄権を申し出た。ミスした瞬間、応援団から漏れる失望と吐息に耐えられないというのが理由だった。

1957年の試合も実力伯仲、勝敗の行方は大将戦に持ち込まれた。オックスフォード大のジョン・グレイグル選手はジュニア時代からアイアンの名手として知られた巧者。16歳でハンディ2、1954年度のイングランド・ジュニア・チャンピオンに輝いた青年である。

一方、ケンブリッジ大のデイビッド・ホークス選手もハンディ2の腕前。やがて聖職者を目指すのも、父親が有名なジェームズ・ホークス大司教と聞けばうなずける話。彼もまた東部ジュニア選手権に2連勝して、いつでもプロになれる男といわれた。

一進一退で迎えた12番ホール、それまで絵に描いたようなストレートボールを放っていたジョンが、どうしたことだろう、1打目、2打目ともに曲がりの強いフックに見舞われた。続く13番でもショットの乱れから立ち直れず、たちまちツーダウン。と、3人の一般ギャラリーがジョンに接近、酒臭い息で吠え立てた。

「どうしたんだよ、兄ちゃん。ボールの打ち方を忘れちまったのかい!?」

彼は小声で「すいません」と言った。長身をかがめて、いまにも消え入らん風情は責任感の強さを物語っていたが、酔っ払いは容赦なかった。

「しっかりしろよ。今度ヘマやったら尻を蹴上げるぞ!」

そのとき、ギャラリーの中から若い女性が数歩近づいて、優しく諭《さと》すように言った。

「失礼ですけど、あなた方もゴルフをなさいますね？」

「もちろん、やるとも。俺の隣りにいる男なんかシングルに近いゴルファーだぜ。それがどうした？」

「たとえ遊びのゲームでも、ボールを打つときは誰もが真剣になるのがゴルフだと思います。ましてや伝統の一戦、あなたもゴルファーならば選手の気持ちがわかると思います。静かに応援してあげませんか？」

そのころ、14番のティグラウンドでは、ケンブリッジ大のデイビッド選手が当惑顔で傍らのジョン選手に囁いていた。

「参ったね。あの彼女、ぼくのいとこのアン・ヘイゼルだよ。ケンブリッジの応援に来ると言っていたのに、どうやらハンサムなきみに魅了されたらしく、オックスフォードの応援をしているぜ」

「あのアン・ヘンゼルが、きみのいとこだって？　それは知らなかった」

全英女子ジュニアに2勝、ウェールズ女子ジュニアでも3勝をあげた彼女は、欧州5カ国対抗で10連勝の記録まで達成した名手として知られる。栗色の髪をポニーテイルに結って、小柄ながら男性に負けないドライバーの飛距離を持つことでも有名だった。のちに『サンデー・テレグラム』に入社した彼女は、英国ジャーナリズム史上初の女性ゴルフ記者として敏腕をふるい、とくにゴルフ界の女性差別問題では鋭い評論を残している。

結局、ジョンはツーダウンの劣勢をはね返すことが出来ず、この年のゲームはケンブリッジの辛勝に終った。卒業後、ジョンは銀行界に進み、デイビッドは聖職者の道を歩んで6年の歳月が流れた1963年5月のこと。『エディンバラ・ポスト』の片隅に、なんともユーモラスな写真が掲載された。新郎新婦ともにゴルフの出で立ちだが、ただ1カ所、新婦は花嫁のヴェールに覆われている。場所は「マウント・シャロッティ」の1番ティ、ジョンとアンに祝福を与える牧師がデイビッドだった。あの日から、どのような時間が流れたのだろう。それにしても人生の船出に、1番ティほどふさわしい場所はないように思える。途中に山あり谷あり、得意の絶頂から奈落の底に転落することも珍らしくない。それでも根気と我慢が両輪、希望を失わずに歩み続けるのがゴルフであり人生でもある。記事によると、牧師デイビッドは幸せに頬染める二人に対して厳かに宣《のたま》ったそうだ。

「ハンディ5のジョン・グレイグル、あなたはハンディ6のアン・ヘイゼルを生涯の伴侶としますか？」

ロストボールは、「天使の取り分」

「1月《ジャニュアリー》」に行われた試合で勝ったためしがないドン・ジャニュアリーは、いたって静謐《せいひつ》な気質の持主であり、日ごろ無口なだけに、まれに重い口が開くと、ひとことずつがとても哲学的で重厚な響きを帯びるのだった。

そんなわけで、ほかの人の発言ならたちまち消え去るような言葉でも、瞑想的に目を半開きにした彼の口から出たとなると、教祖ジャニュアリー様のありがたいお告げに昇華するところが、人徳の妙味といえる。

過去に何冊か出版された「ゴルフ名言集」からは漏れているものの、ジャニュアリー語録には多くの教訓が含まれている。

曰く、

「失敗も、ゴルフの楽しみのひとつ」

「大きい目のクラブで、ボールをやわらかく打つ」

「あなたの進歩を止めているのはスノッブ（見栄）である。謙虚に自分の限界を知ることで、かえって進歩は早まるものだ」

飄々《ひょうひょう》としたユーモリストだけに、ときには脱線語録もないわけではない。

「この世には、ヘボでも楽しめるものがふたつある。ゴルフとセックスだ」

さて、彼の言葉の中で私が座右銘にしているのが、

「ロストボールもゴルフの内《うち》」

という、まことにあっさりした含蓄ある教訓、これをいつも肝に銘じている。

およそ数ある災難の中でも、ロストほどゴルファーを無念と口惜しさの淵に沈めるものはない。ときには凶暴な気分に駆り立てられることもあるし、煮えたぎる思いで、ついには自暴自棄、ゲームを投げてしまうことだってある。

とくに、紛失するはずもない場所にボールがないとき、ゴルファーの神経は金属的な悲鳴をあげながらズタズタに切断される。ロストは、長雨の中で増殖するカビのようにゴルファーにとりつき、じわじわと腐らせていく。

1964年、オークランドヒルズで行われたカーリングインターナショナルの試合中、ジャニュアリーの打球は深くもないラフの中で行方不明になった。5分間、必死の捜索も空しく、ボールはついに発見されなかった。まだ若かった彼はたちまち崩壊してトップグループから脱落、ボビー・ニコルズに優勝をうばわれてしまった。

「この出来事は、私に大きな教訓を与えてくれた。何日間もこだわった末に、こう考えるようになった。つまり、ロストボールはどんなゴルファーでも必ず支払わなければならない税金なのだ、と。渋々払うか、笑顔で払うか、どっちにしても取られるものなら、精神衛生上、気持ちよく払ったほうがさっぱりした気分で暮らせると私は悟

ったのだ。ロストボールとOBは、ゴルフを楽しむために必要な税金なんだよ」

失くす神あれば、拾う神あり。

小枝を払い草をかきわけ、四方に目を走らせながら自分のボールを求めてラフを行く。と、茂みの中にチカッと光る白いもの。あったァ！　顔を近づけてマークを見ると、よそ様の新品ボールだ。なんという幸運、不意に心臓の鼓動が高鳴って、「モウケッ！　モウケッ！」と脈を打ちはじめる。吐く息、吸う息は「モラットケ、モラットケ」と荒くなる。

そこで素知らぬ表情を作って、手を伸ばしかけたまさにそのとき、向こうから一人のゴルファーが息せききって現れた。

「すいません。ボールを見ませんでしたか？」

「あっ、これでしょうか」

うまい話がラフに転がってるはずがないんだ、と、内心がっかりしながらボールを差し出す。

それを受け取った相手は、妙に明るい声で、

「あれ、ちがうなあ。まあいいや、これで打っていこう。どうも！」

いまいましい奴は、たちまち軽い足どりで彼方に消え去っていく。

ゴルフの文献にロストボールが登場するのはまれである。20世紀初頭のゴルフ狂、

マルディッツ卿の随筆の中に、

「貴重なボールを紛失した経済的打撃に加えて、罰打という精神的打撃を二重に課せられるのは、どう考えてみても不条理に思えてならない」

と、至極もっともなことが記されている。

20世紀になるとマナーの悪いゴルファーが増えたとみえて、J・G・ミラーは「ゴルフジョーク集」の中で、次のように警告している。

「全ゴルファー諸君に告ぐ！　まだ動いているロストボールを拾ってはいけない」

スポーツにおけるマナーをテーマにしたキーツ・ブランドンの『名選手たちの笑顔』

という本には、ロストボールに遭遇したときの大事な心得が書かれている。これは、大いに参考にしたい名文である。

「ルールで定められた時間が経過したとき、本人以外はそわそわしはじめる。しかし、それをいいだす人はいない。執行人が不在のために死刑が始まらないのだ。ボール探しに協力してくれる人たちの空気を、あなたは間断なく感じていなければいけない。もし空気がダレたと思ったならば、すかさず、

〝皆さん、どうもありがとう。ロストボールにします〟

と、明朗爽快にお礼を申し述べ、宣言すべきである。往生際の悪い人間は、ボール1個に替えられない威信を失うことになるだろう」

これは、まさしく真理を語っている。未練たらしいふる舞いは、それだけで人間性を見られてしまうことになる。

さて、ブドウ酒の樽から自然蒸発した目減りを呼ぶように、ロストボールもまた「天使の取り分」と考えるとして、以前に聞いた不気味な話をご報告申し上げたい。

こんなことが実際に行われていると知って、ショックを受けたのは事実である。

「ライバルのAのゴルフときたら、恥も外聞もなし、汚いことでは天下一品だね。このあいだも右の林の奥に打ち込んで、われわれ一同、ボール探しをしていたら、Aが大声で〝おーい、あったあった！〟。そこで近寄ってみると、林の切れ目の広い場所にボールがあって、まっすぐグリーンが狙える好位置なんだ。

しかもボールは草の上にふんわりと置かれた感じで、ライも最高。案の定、やつはそこからグリーンに乗せてパーのあがり。こっちはバンカーにつかまってボギーだった。得意満面のAのえり首に手をのばして、よっぽどひっぱたいてやろうかと思ったが、こっちにも弱味があるからね、我慢するしかなかったよ。どんな弱味かって？　やつのボールが見つかったというのはウソなんだ。だって、あのいまいましいペテン師のボールは、おれが最初に見つけてポケットにしまったんだから……」

やれやれ、ゴルフの世界も恐ろしい時代が到来した気配である。

ハスケルさんからの、贈り物

1922年12月14日付けのクリーブランド・プレス紙に、次のような死亡記事が載っている。

「コバーン・ハスケル。享年54歳。癌《がん》で数カ月伏せっていた。20年前にハンナ社を退職、造船事業に携わっていた。彼はすぐれたスポーツマンとしても知られ、ゴルフボールを発明した」

ハスケルが糸巻きボールを発明する以前、丸い石とか流木の節《ふし》を丸く削った黎明期を別にすると、長い長いゴルフの歴史は2種類のボールによってゲームが行われてきた。18世紀から19世紀にかけて使われた「フェザリー」は、その名の通り、帽子1杯分の羽根を皮のカバーに詰め込んで縫い合わせたものだが、これが意外にも石のように固く、よく飛んだ。300ヤード以上飛ばした記録も残っている。

ところが使っているうちに縫い目が擦り切れて、ショットの瞬間「ボン！」と爆発、あたり一面トリの羽根が真っ白に浮遊する事故も少なくなかった。この場合、申し合わせによってペナルティなしの打ち直しだ。致命的な欠陥は、水に濡れると鉛のように重くなって、ボールを地べたから引き離すのが大作業だった。

次に登場した「ガッティ」は、虫歯の充填用にゴムの樹液を固めたガッタバーチャを、あるゴルフ狂がタコ焼きの原理でボールに転用したものだが、これまた冬は石のように固く、夏はふにゃふにゃで使い物にならず、ラウンド中アイスボックスにボールを入れて持ち歩くのが常識だった。

それでも、いっぺん「ゴルフ菌」に感染した人たちは、羽根や虫歯の充填剤をひっぱたき続けて、ハスケル出現までの歳月を凌《しの》いできた。

コバーン・ハスケルは、1868年にボストンで生まれ、ハーバード大学に入ったが、卒業前にギルバート&サリバン劇団に加わって全米ツアーに出発、黒髪のハンサムな青年は各地で大いにモテたというから、相当な遊び人だったようである。

その証拠に、劇団をやめてからいくつかの事業を興したが、どれも途中で会社を人にくれてやり、馬と狩猟と珍本のコレクションに夢中だった。家が裕福すぎると子供のネジがゆるむことだけは間違いない。ハスケルの持ち馬「リー・アックスウォージー」号は、当時の競走馬の世界記録を持っていた。また、挿絵画家クルックシャンクの研究家としても有名だった。まさしく趣味に生きた男の典型である。

彼がゴルフを始めたのは1895年。結婚してメイン州のブルーヒルに夏用の別荘を建て、そこで世界的富豪の初代ジョン・D・ロックフェラーと知り合ったのが縁で、この大富豪から手ほどきを受けたのだから、まぶしい話である。

「ぼくのゴルフの師匠はロックフェラー氏です」

なんて、かっこいいではないか。

ハスケルについては、これまで不明な点が多かった。ところが1971年にボストンの高級アパートで「ミセス・ブライハム」と呼ばれる老婦人が亡くなり、彼女の遺品から大量の日記帳が発見された。ミセス・ブライハムは、なんとコバーン・ハスケルの娘ガートルードだったことが判明、日記には糸巻きボールを発明した当時のことが詳細に綴られていた。

それによると、ゴルフを始めたハスケルの熱心さはほとんど病気の状態で、馬の調教場の一部に400ヤード打ちっ放しの練習場まで作って、コースに出ない日は早朝からショットの研究に余念がなかった。もちろん、彼が打っていたのはガッティである。

1897年の春、ハスケルは一人の男と運命的な出逢いをする。バートラム・ワークは、B・F・グッドリッチ・ゴム会社の工員から出世して社長にまでのぼりつめた努力家だ。彼の工場では自転車、自動車のタイヤからオーバーシューズ、レインコート、パンツのゴム紐まで作っていた。

ゴム会社にハスケルのゴルフ仲間がいた関係から顔を出しているうちに、二人は親密になっていった。あるときバートラム・ワーク社長が、ハスケルに向かってたずねた。

「そんなにゴルフはおもしろいかね？」

「おもしろいかどうか、とにかく1日中ゴルフのことしか考えられないんだ」

「だったら、何かゴルフに関連したビジネスでも考えたらどうだね。たとえば、もっとよく飛ぶボールを作るとか」

このとき「ワウンド・ボール」(飛ぶボール)という言葉が初めて登場している。ワーク社長のデスクの上には、ゴム紐の新製品が置いてあった。ハスケルはかなり長い時間、その長いゴムの糸を見ていたが、やがて、

「上質のゴムでボールを作ってみようか。圧縮したゴムなら飛距離も伸びるはずだ」

「私はゴムの専門家だがね、ゴムと水は圧縮できないんだ」

ハスケルは数日間ワークのところに通って、ゴムの特性について教えを乞い、ある

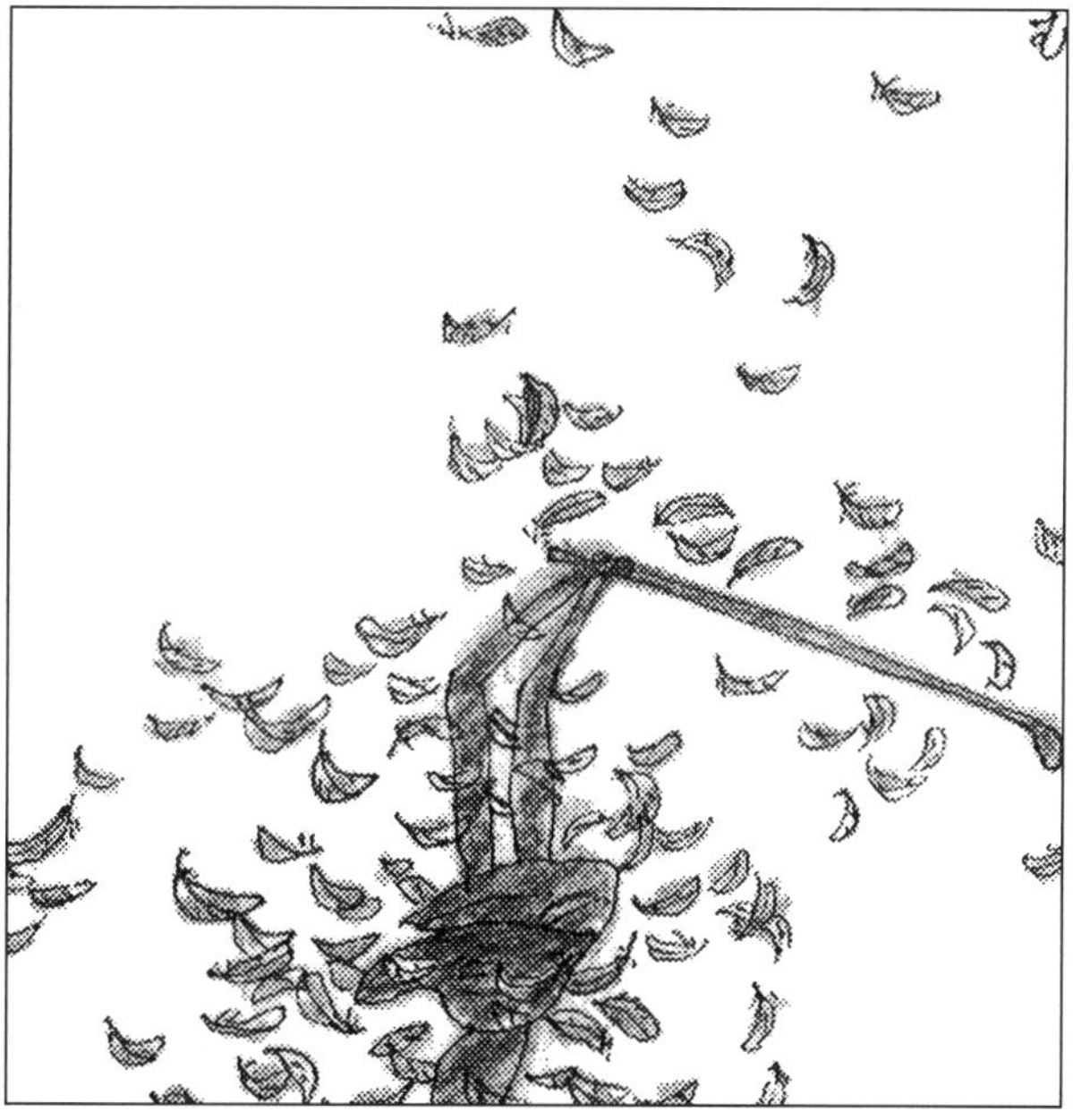

日、生ゴムの細くて平たい紐を何十フィートも作って欲しいと提案した。

「紐を伸ばして巻きつけよう。ゴムが伸びた状態なら、いくらでも固く巻くことができるはずだ」

「凄いアイデアじゃないか！　よし、さっそく実験してみよう」

二人は工場で作業を始めた。それは実におかしな光景だった。汗まみれで適当な大きさまで巻き上がるころになると、きまって手からゴム玉がとび出し、時計のゼンマイが跳ねるように部屋中を暴れ回った。ようやく2、3個が完成したときには夜中になっていた。

これを何でカバーするか、翌朝早くからワーク社長が活躍した。まずガッティを溶かして表面にからめたが、紐の巻き方にバラつきがあって、地面に落としてみると不規則な弾み方をする。そこで芯にガッティの小さな玉を入れ、それにゴム紐を巻きつけた上でガッタパーチャのコーティングを施した。さらにその上から白のペイントを何度もくり返して、ようやく完成したのが4日後だった。

二人は期せずして叫んだ。

「ジョー・ミッチェルを呼ぼう！」

「運び屋」と呼ばれたプロ、ジョー・ミッチェルは、突然の呼び出しをいぶかりながらアクロンの1番ティにやってきた。

「ジョー、何も聞かずにこのボールを打ってみてくれないか」

彼はドライバーでボールを叩いた。１番のフェアウェイのかなたには大きなバンカーがあって、これまでに誰一人として、もちろんジョーも、そこを越したことがなかった。

ボールは豆粒のように飛び去り、バンカーを50ヤードもキャリーしていった。

三人はしばらく口をあんぐり開けていたが、やがてジョーがうめくように、「オレは夢を見ているのか!?」と唸った。

次の瞬間、ハスケルとワークは訳のわからない喚声をあげながら抱き合い、ティグラウンドの上をいつまでも踊り続けていた。

１８９９年４月11日、ハスケルの発明は特許№６２２・８３４の番号で受理されている。

「飛び方が均等で、コントロールしやすい」

ボビー・ジョーンズは、糸巻きボールの長所に触れ、コラムにこう書いている。

「ゴルファーは、〝ハスケルさんからの贈り物〟に、感謝の気持ちを忘れてはならない」

と。

一夜にして「飛ばし屋」になった男

ある晩、不思議なことが起こった。

20世紀初頭のゴルフ界に君臨した「三巨人」の一人、ジェームス・ブレードは、例によって明日プレーに使うクラブ一式をベッドに並べ、1本ずつ点検していた。当時のクラブはヒッコリーのシャフト、油断するとひび割れていたり、ヘッドの接合部分のゆるみにも絶えず気を配る必要があった。

そのうちに、昼間の疲れからドライバーを抱いたまま寝込んでしまい、気がつくと窓の外では小鳥が鳴いていた。身長186センチ、体重90キロの大男が、ドライバーに足をからめて寝る図もユーモラスだが、そのとき奇蹟が起こったのだ。にわかに信じ難いことだが、クラブのシャフトが一夜にして15センチも伸びていたのである。

「そんな、馬鹿な!」

「人を担《かつ》ぐのもいい加減にしろ」

ブレードの話に、だれもが呆れて耳を貸さなかった。

「きみが使っているヒッコリーには、まだ根っこが付いているのかね」

親友のハリー・バードンやJ・H・テイラーまでが、そういってブレードをからかった。

「三巨人」の中ではもっとも遅咲きだったが、いっぺん花開くと、強烈な個性に加えて相手を破壊的に叩きのめす豪打で一時代を築いた彼は、いたって寡黙な努力家ではあるが、決してホラ吹きではなかった。その男が、血相変えて真剣に訴え回ったのである。寝ているうちに、シャフトが15センチも伸びてしまった、と。

このナゾ解きはあとにして、ブレードはしばらく狐につままれたように茫然としていたが、やがて不気味な魔法の杖をおそるおそる持って近くのホームコース、ラムフォードに行くと、長いドライバーでボールを打ってみた。すると、どうだろう、その朝二度目の奇蹟が起こったのだ。

「おどろいたことに、自分でも呆れてしまうほどボールが飛んで、飛んで、はるか豆粒のように消え去ってしまった。二発目、三発目と打つに従って、飛距離は伸びる一方だった。神が私に奇蹟を与えて下さったのだ。私はその場にひざまずいて、深く感謝の祈りを捧げた」（「Advanced Golf」1908）

それまでのブレードは、体躯に恵まれながら「三巨人」の中でも最も飛距離の乏しいプロだった。彼の伝記を書いたバーナード・ダーウィンによると、かなりアップライトなライ角度のクラブで、しかも短いシャフトを好んだために、打っても飛ばない道を歩んでいたのだという。

「身長にそぐわないクラブをツマ楊子のように持って、深く背を曲げてアドレスする彼の姿は、まるで落穂拾いの農夫を連想させた」

ダーウィンはこう書いている。

ボールは飛ばなかったが、アップライトな軌道の持主だけにコントロールは抜群。19歳で農業を営む生家を出奔した彼は、セントアンドリュースで働きながら、ゲームのしぶとさではプロ仲間からもいやがられていたアンドリュー・カーカルディにゴルフを教えられ、たちまちスクラッチを突き抜けてプラス3の腕前になった。

当時のセントアンドリュースは『水滸伝《すいこでん》』の梁山泊《りょうざんぱく》と同じ、のちの英雄豪傑がしきりに出没するにぎわいを見せていたが、仲間が次々に大舞台で活躍するのを尻目に、ブレードは日がなアプローチの練習ばかりしていた。ダーウィンによると、

「それは、飛距離をあきらめたゴルファーの屈曲した練習風景」

に思えた。ところが、のどから手が出るほど欲しかった特大の飛距離が、一夜にして我が物となったのだからブレードは欣喜雀躍、奇蹟の朝から数えて5日後には、もう長い魔法の杖を完全にマスターしていたという。

1901年、全英オープンを前にした新聞の予想記事には、なんと「当代随一の飛ばし屋ブレードが有利」と書かれている。あの朝以降、バードンやテイラーが奥歯をきしませてボールを叩いても、ブレードの飛距離には追いつけなくなっていた。こんなことって、あるのだろうか。

予想通り、ブレードは2位のバードンに3打差、3位のテイラーに4打差をつけて

全英オープンに初優勝した。「タイムズ」の記事は次のように書いている。

「豪打は唸りをあげてミュアフィールドの大空をふたつに切り裂き、ロングホールではことごとく2打目がグリーンをとらえた」

仲間に6、7年遅れをとったが、ようやくブレードの時代が到来したのだ。しかも、ひとたび優勝すると10年間に5回も全英オープンを制し、1899年から1912年までの13年間という歳月、ただの一度もベスト5位から落ちない強さを発揮している。

たくさんの記者が、この不思議な出来事を記事にするためブレードのもとに押し寄せた。彼はしゃべっても書いても簡潔に表現する才能に恵まれ、口数こそ少なかったが、ウイットに富んだ言葉は温か味に溢れていた。

「奇蹟は存在するよ」

と、インタビューに応じた。

「私は眠りの深い男だ。一度目を閉じたら最後、ノコギリで首をひかれても起きる気配はないと思う。もし誰かが忍び込んで、私のクラブのシャフトに細工しても、まったく気がつかないのは事実だが、わずかな時間内でヘッドとグリップはそのままに、シャフトだけ交換するのは物理的に不可能だ。いろいろな角度から考えてみたが、やはりあれは奇蹟だと結論したよ」

いまと違って、ニカワと植物性の接着剤を根気よく塗り重ねる当時のシャフト交換の技術からすると、たしかに彼の睡眠時間内でその作業をやり遂げることは不可能だった。
41インチのドライバーを振っていた男が、46インチの長尺を神から授かり、１９０４年には全英オープン史上初の１ラウンド60台のスコアを出し、さらに１９１０年、セントアンドリュースで初めて４日間３００を切る２９９という記録を達成するまでに変貌したお話は、１９５０年、ご本人がロンドンで帰らぬ人となってミステリーのままに終わった。凄腕は死ぬまで衰えを見せず、78歳で「74」という驚異のエージシュートをやってのけている。

さて、ここにしつこい男が一人、登場する。「イブニング・スター」の記者、ジェス・マングラムは図書館勤務から新聞記者に転身した変わりダネだけあって、ブレードの伝記に書かれた「奇蹟の夜」に異常な興味を抱く。そこで、当時彼が世帯を持ったトークス・ローの家を手始めに、徹底的な取材を試みる。ゴルフ関係者の生き残り、近隣の人からも話を聞き集める。そして、「演じられた奇蹟」と題するコラムを発表した。

それによると、飛距離に悩むブレードの姿にもっとも心を痛めたのは新妻のシンシアだった。愛らしくて春風のように優しい彼女は、のちのブレードのクラブ工房で苦楽を共にすることになった名工ロバート・ホースブローに相談、二人は寝入った彼の腕からドライバーをソッと抜き取り、徹夜で長いシャフトと交換、接着部分は弱火に数時間かざして乾燥させた。短いクラブに固執して、あたら才能を無駄にする彼を納得させるには神の力を借りるしかなかった。ブレードを想う二人は秘密を誓い合い、1941年には誓いを破ることなくシンシアは永眠した。コラムの最後は、こう結ばれている。

「奇蹟は神と天使によって行われるものだが、シンシアこそ天使と呼ぶにふさわしい女性だった。彼女は愛する人を偉大な男に育てた」

わが心のホームコース

ときとしてゴルフは、生命《いのち》の糧《かて》にまで昇華して「神のごとき存在」に変化することもある。現在、ミズーリ州で小さな新聞社を経営するジョージ・ホールの貴重な体験が、その事実を私たちに教えてくれる。

彼は6年3カ月もの長い期間、捕虜として北ベトナムの収容所に閉じ込められていた。クンソニット村での作戦行動中、崖から転落して失神、気がついたときには北ベトナム兵に取り囲まれ、裸に剥《む》かれていた。

拷問は残虐をきわめる。水の入ったバット状の革袋で殴られ、右耳はそのときから聞こえなくなった。トラックでひきずり回された後遺症で、頭の皮膚はいまでも欠落している。拷問は気まぐれで、しかも執拗だった。アメリカ兵は少しずつ死にはじめ、気が触れる者も出はじめた。

士官だったジョージ・ホールに対する仕打ちはさらに過酷をきわめ、最初の1週間は体を横にすることも許されなかった。

「拷問のあいだ中、私は愛する人のことを一心不乱に考えることにした。髪、頬、匂い、うなじ、優しくなつかしい乳房、笑顔。それから二人で歩いた景色、会話、声、手の感触まで思い出した。心を過ぎ去った楽しい時間の中に閉じ込める以外、苦痛から逃れる方法はなかったのだ」

愛の力の素晴らしさ、極限の中で人を支えてくれるものの偉大さに改めて感動させられる。

「ついに、同室の少尉が精神に異常をきたして、射殺された。おそかれ早かれ私もそうなるだろう。生きて帰って、故郷のゴルフ場の緑したたる芝の上をのんびり歩きたい、この夢ばかり見ていた」

彼はハンディ7のシングルプレーヤー、それだけに、ゴルフに対する想いは熱烈だった。恋人を恋うるのと同じぐらいにゴルフをも焦《こ》がれていた。

ある日、素敵なアイデアがひらめいた。故郷のホームコースをイメージして、なにがあろうと1日1ラウンド、本気でプレーしてみよう。時間だけは無限にある。何かに打ち込んでいなければ気が狂ってしまうのは時間の問題。そうだ、ゴルフを始めよう。

たて4メートル、横3メートルの房は、同室者が射殺されて自分一人だけ。狂気の取調べから3カ月ほど経過して、比較的落ち着きはじめた雨の朝、彼はウォームアップを開始した。

「スタート前に、必ずその日の気象条件を決めること。いったん決めた天候は、たとえ強風であっても絶対に妥協しないこと。プレーはノータッチ、自分に有利な考えは持たない。クラブの競技会に出場しているつもりで真剣にプレーすること。私は、心にこれだけのことを誓って、いよいよイメージゴルフをはじめた」

　ホームコースに広がる18のホールは、草1本、小石1個まで記憶が鮮明だった。距離もグリーンのアンジュレーションも、まるでその場にいるように暗記している。風の匂いさえ感じるほどだった。

　スタート前の柔軟体操、素振り、といってもクラブがないので、グリップを振るだけ。そして腰をかがめてティアップ、第1打目のアドレスに入る。左は林、右に大きなバンカーがある。思いきりよく、スウィングのバランスを崩さない程度に思いきりよく。

「最初の数日間というものは、スウィングするたびに倒れてしまった。自分でも消耗

のひどさにおどろき、まず基礎体力を作ることに主眼を置いた。腹筋、背筋の運動を、連中の目を盗みながら根気よく続けて、ようやくクラブが振れたのは初ラウンドから2週間も経ってからだった。私は独房の中で、まさにゴルファーとして甦《よみがえ》ろうとしていた。生きる希望が、はっきりと芽生えはじめてきた」

たとえば2打目はラフの中、クラブは7番、前方をしっかり見定めて、それからスウィング。打球の行方を目で追って、グリーンの奥に少しこぼれたことを見届けると、彼は歩きはじめる。4歩で曲がって3歩で曲がり、また4歩で曲がって3歩で曲がる。はた目には檻《おり》の中をうろつく動物のように見えても、彼にとっては真剣な歩測の時間だった。

チップでボールをピンに寄せると、今度はしゃがみ込んでパッティングラインの読みに入る。

「私はパットが苦手だった。どういうものか、大事なパットになると左手首が硬直してスムーズに動かないのだ。そのために、クラブの競技会で優勝するチャンスを何度も逃してきた。ところが、独房の中でも同じことが起こったのだ。実際にボールを打つわけでもないのに、幻想のパッティングなのに、私の左手首は北ベトナムでも硬直したまま、スムーズに動いてくれなかった。毎日、私はパットに悩まされ続けて、あのドブネズミのエサにも劣る粗悪な食事さえノドを通らない日が続いた」

ゴルファーの脳の仕組みは、いったいどうなっているのだろうか。さらに不思議なのは、かつて実際にプレーしたとき、そこでOBを打ったホールまでやってくると、彼はしばしば独房の中でもOBを再現したという。細心の注意を払ったつもりなのに、週に二、三発のOBが出てしまった。バンカーにしても、むかし失敗した場所で打ったイメージショットは、うまくいったためしがなかった。

「ゴルフが潜在意識に強く作用されるゲームであることを、私はこのとき痛いほど理解した。打つ前に、すでにショットは決定されているのだ」

打っては歩き、歩いては考え、しゃがみ込んではラインを読む彼の行動は、周囲から見たとき、正常な人間のすることではなかった。兵士たちは檻をのぞき込んで笑い転げ、やがて彼にかまわなくなった。ゲームは、毎日欠かさず18ホールが真剣にプレーされて、6年3カ月の途方もない歳月が流れた。

「ゴルフのおかげで、私は発狂することもなく帰還することができた。もし偉大なゲームにめぐり逢っていなかったとしたら、私はおそらく自殺していたと思う。ゴルフが私の生命を救ってくれたのだ」

帰還して3週間後、ジョージ・ホールは幻想ではない懐かしいホームコースのティグラウンドにしっかりと立っていた。

7年ぶりの彼のゴルフは、ほとんど完璧に近いものだった。一緒に回った友人たちは、ベトナムにいたのは嘘で、どこか他の土地でプロ修行をしていたにちがいないと叫んだ。6年間の素振りの結果であることは、まぎれもない。

「私は一度だけ、独房の中でしみじみ泣いたことがある。帰還する数カ月前のことだ」

あれほどの拷問と、襲いかかる苦痛の嵐に身を置いてさえ泣かなかった男が、一度だけ涙を流したその理由は、

「ついに、心の中のホールで、一度もバーディがこなかったのだ。ざっと数えて4万ホールもプレーしたというのに、ついに一発のバーディもこなかった。なぜだろう。みんな惜しいところでカップに嫌われてしまうのだ。これが本当に口惜しくて、それで、一度だけ私は思いきり泣いてしまったのだった」

月光を浴びて、微笑む人

就寝時間の過ぎた暗い部屋から、ひめやかな声が洩《も》れた。

「外は大丈夫？」

「見事に、輝いている」

「よし、行こう」

窓からすべり降りた三つの人影は、忍び足でロレット男子学校をあとにすると、しばらく建物から離れて、ようやく小脇にかかえていた靴を穿《は》く。あとは月の光に柔らかく照らし出された道を一目散に20分ほど行くだけだ。

金髪のジョニー・レッドレーが、三人の中では長身だった。走ってもボートを漕がせても校内一の彼は、文才にもすぐれていた。のちに二冊のゴルフ随想を著《あら》わしている。

ロレット校と、伝統の名コース、マッセルバラGCを結ぶ道は海岸線に沿っているが、途中に野芝の広がる荷馬車の休憩所がある。青年たちが息せききってその約束の場所に近づくと、いつものことだが、すでに真上から燦然《さんぜん》と輝く月光を全身に浴びて、微笑を浮かべた巨人が金色の影像のように立っていた。

おだやかなフォース湾は、月を写して金粉をゆらめかせ、凛《りん》とした冷気があたりを静める中で、四つのシルエットが近づいた。

「来たね。じゃ、始めよう」

自ら用意してきたクラブを青年たちに渡すと、ボブ・ファーガソンは時間を惜しむようにレッスンを始めた。深夜前には寮長の見回りがある。それまでには彼らをベッドに戻しておかなければならない。

月の出た晩に限って、この伝説の名手はマッセルバラから片道40分の夜道を歩き、わざわざ青年たちのためにゴルフの指導に赴《おもむ》いたのだ。百彩と百趣のエピソードにちりばめられたゴルフ史の中でも、私はこの話を思い出すたびに、いつも上等な酒に酔ったような気分になる。

なにしろ全英オープンに3連勝、ヤング・トム・モリスの持つ4連勝にあと一歩のところまで迫ったボブ・ファーガソンが、月明かりを頼りに青年たちにゴルフを教え、その中の一人、金髪のジョニー・レッドレーが見事に育って、のちに全英アマで2勝する、これほどロマンチックな物語があるだろうか。

おそらく、夜毎の情景は、この世のものとも思えない美しさに満ち溢れていたはずだ。フォース湾を一望する丘の上で、月の光を浴びた四人の男が妖精の舞いにも似た優美な動きでクラブを振る、これはもう夢の世界の出来事としかいいようのないシーンである。

ボブ・ファーガソンは、いつも微笑が絶えない無口な男だった。近くの湾岸で獲れる「貝《マッセル》」がそのまま地名になった漁師の村で生まれた彼は、12歳ごろからマッセルバラGCのキャディになってゴルフを覚えた。

「おとなしい男だが、ゴルフは滅法強かった。小さなバックスウィング、そこから右肩でボールを送り出すように低く振り抜いて、目標を正確に捉えていく。エディンバラ界隈《かいわい》では20歳のボブに勝てる者がいなかった。1875年にプレストウィックで開催された全英オープンに初参加した彼は、たちまち4位に入賞して注目を集めたものだ。ボブ・ファーガソンの時代がくることを、そのとき誰もが予感した」

「不滅のゴルファーズ」の中で、著者のC・モントレーはこう書いている。また、ベン・セイヤーズは、

「ゴルフを教える天才だった。口数こそ少ないが、手を添えて要所をぴしっと記憶させる独特のやり方が彼らしく、相手がいわれた通りにできると、微笑してうなずき、〝ヤー、ヤー〟と優しい声に節《ふし》をつけるのが癖であった」

と語り、セントアンドリュースのプロ、アンドリュー・カーカルディも、口を揃えて、

「ひっかけ球が直らないので、マッセルバラまで行った。偉大なボブは私が数発打ったところで左腕の一カ所に欠点があるといい、そのひと言で3カ月間のスランプから即座に解放された」

こう語っている。名手は寸言で奥義を伝授し、教え魔は口数が多いだけだ。

ボブ・ファーガソンが真骨頂を発揮したのは、1880年の全英オープンからである。

この年、P・バクストンに5打差をつけて初優勝を飾ると、もう手がつけられなくなった。

翌81年はJ・アンダーソンに3打差で2連勝、82年はW・ファーニーに同じく3打差をつけて3連勝を成し遂げた。

これで大騒ぎが始まった。

ヤング・トム・モリスが3連勝してチャンピオン・ベルトを持ち去ったのは1870年のこと。おかげで新トロフィーの製作が間に合わず、翌71年は不開催となった。72年、銀製トロフィーが初登場した大会で、またもや天才が優勝、4連勝の偉業は空前絶後だろうといわれていた。

ところが意外にも早く、不滅の大記録がボブ・ファーガソンによって破られようとしている。

地元マッセルバラで開催された1883年の全英オープンでは、異様な大観衆がコースに溢れた。

近在の住民は一人残らずボブの応援に駆けつけ、遠来のギャラリーは宿不足に泣いて漁具小屋に身を寄せ、夜露をしのいだ。

4連勝への重圧と、地元の熱狂的な声援にたじろいだ彼の調子は、あまり褒《ほ》められたものではなかった。

ところが終盤の3ホールで、すさまじいドラマが展開されたのだ。首位を走っていたW・ファーニーが最後のホールで落ち着きを失い、なんと「10」ストロークかかってようやくホールアウト。これに対してボブは、3ホール連続「3」を記録、ついに最終ホールで追いついて全英オープン初のプレーオフとなった。

熱狂する大観衆にもみくちゃにされながら、ボブとファーニーはプレーオフの17番まで一歩も譲らなかった。ところが最終18番の第3打目、グリーン手前から転がしたファーニーのボールは、マウンドを三つも越えてそのままカップに沈んだ。ボブ・ファーガソンの夢もまた、その瞬間に沈んでしまった。

金髪のジョニー・レッドレーがボブをたずねたとき、彼は時折ゲームには出ていたものの、マッセルバラのグリーンキーパーに就任して忙しい日々を送っていた。

「土、日はコースが混雑するので、とても教えることはできないよ。普段の日はきみが外に出られない。困ったね」

「夜なら、寮を抜けだすことができます」

「夜か。頼りになるのは月の光だけか。やってみるかい？」

「はい。月の出た夜には、必ず参ります」

「ボールこそ打てないが、ゴルフはスウィングだけ覚えればすぐに上達するものだ」

こうして3年の歳月が流れた。

ジョニー・レッドレーは月明かりの下でゴルフを学び、1889年と91年の二度にわたって全英アマ選手権を手中にした。

他の二人も、長くアマ選手として活躍している。

ジョニーは後年、著書の中で次のように書いている。

「私の尊敬する教師は、いつも先に到着していた。全身に月光を浴びて微笑み、黄金の彫像のように彼は美しく立っていた。

〝来たね。じゃ、始めようか〟

彼は決まって優しく語りかけ、私たちは月光の下で黙々とクラブを振り始めた」

ベン・ホーガンに関するエピソード

「私がゴルフで恐怖を感じるものは三つ、雷とダウンヒル・パットと、そしてベン・ホーガン」（サム・スニード）

「たくさんのゴルファーを見てきたが、1ヤード単位で距離を自由に調節できる男は、ホーガン一人だけだ」（ボビー・ロック）

「見てきた限りで最高のゴルファーは誰かって？　そりゃ、ホーガンほどの奴は一人としていなかったね」（ジーン・サラゼン）

伝説の靄《もや》に包まれてはいるが、1912年生まれのベン・ホーガンは、いまなおテキサス州フォートワースに健在である。最近新築した家には、応接間がないそうだ。仕方なく人に会うときは近くのホテルのロビーを利用する徹底した姿勢、人間嫌いも変わっていない。

「ホーガンは無駄口が嫌いだ」

と、サム・スニード。

「18ホールのプレー中、口を利くのはグリーン上でこう言うだけ。〝きみのほうが遠いよ〟」

口数が少なすぎて、取りつく島がない印象も与える。あるとき、ホーガンを尊敬してやまないゲーリー・プレーヤーが、スウィングについてアドバイスを求める電話をかけた。受話器の向こうでホーガンがたずねた。

「きみは、どこのクラブを使っているね？」

「ダンロップです」

「じゃ、ダンロップ氏に聞け」

ホーガンは9歳のとき、鉄工所で働いていた父親に自殺され、家族は地の塩を舐める困窮の中を生きてきた。11歳、キャディになってゴルフを覚え、19歳、安ホテルを転々としながらツアープロの道を歩みはじめる。彼の無口は、心の傷と決して無縁ではないだろう。

28歳になった1940年、グリーンズボロ・オープンなど年間4勝して名が響くようになると、40年からの3年間で15勝、戦争が終わった直後の46年、ツアーに復帰したホーガンは、なんと年間13勝もあげる。

全米オープン4勝、たった一度だけ出場した全英オープンにも優勝、マスターズ、全米プロで各2勝、米ツアーで62勝。途中、1949年2月には、バスと正面衝突して再起不能と診断されたが、翌年のライダーカップには、アメリカの主将として足をひきずりながら出場、その不屈の精神を描いた映画「フォロー・ザ・サン」は全米でヒットした。

彼の偉大な足跡の中でも、フックに悩んだ自分のゴルフを綿密に分析し、科学的な近代スウィング論にまとめた『モダン・ゴルフ』が出色だ。この本を5回も読み返したあと、初めてクラブを握ったジョン・クレメンツは、わずか6年後に全米アマに出場するまでになった。まさにバイブルだけが持つ力である。

しかし、数字で証明されるホーガンの実力と功績は、正直あまりおもしろいものではない。この偏屈《へんくつ》な天才の真骨頂は、なんといっても豊富なエピソードにある。それをご紹介しよう。

ゴルフ記者のパーシー・ハギンズは、ホーガンが何百発もボールを打つのを見ていた。そのあとでメジャーを取り出し、ディボット跡を測定した。何百発も打ったというのに、すべてのディボットはボールのあった位置からぴったり8センチ先に浅く長く残っていて、わずか1センチとして狂った跡がなかった。

彼のキャディを長く勤めたセシル・ティムズの仕事は、楽なものだった。ホーガンが何百発打とうとも、ボール集めに走り回る必要がなく、目印にジッと立っていれば全部のボールがそこに集まった。

練習の仕上げは、ロングホールの第2打目地点、残り220ヤード。ホーガンはいった。

「グリーンに行ってくれないか。私は2番アイアンで3本のショットを打つ。1本目はピン手前の右側、次は正面の手前、3本目はピンの左側だ。落ちたボールがどんな転がり方をしたか、それを教えて欲しい」

いった通り、三つのボールはすべて3メートル以内の所定の位置にぴったりとついた。

一旦ゲームが始まると、彼ほど自分のプレーに熱中した者はいないだろう。恐ろしいほどの集中力だった。1948年のフェニックスで、パー3のホールの第1打がピンから6メートルのところに乗った。あとから打った同じ組のプロは、そこでホールインワンだった。大騒ぎが静まるのを待ち、彼は慎重にラインを読みバーディパットを沈めた。

翌日、同じホールで対戦者も同じ、ホーガンはピン奥4メートルにつけた。すると次に打った対戦者が、またもやホールインワンを出したのだ。これは本当の話、ホーガンが自分の本の中で二度もこの出来事を取り上げているくらいの珍事だった。

それでも彼は表情を変えず、騒ぎがおさまるまで長い時間をかけてラインを読み切り、またもや一発で沈めてこういった。

「3日連続で、あのホールは2だった」

結局、この試合で優勝したのはホーガンだった。

全米オープンで優勝し、盛大な表彰式が終わったあと、彼は記者会見をすっぽかして練習場に向った。呆れた友人の一人が、

「いま、きみは優勝したばかりじゃないか」

と声をかけると、首を振って、

「きょうだけで、克服すべきテーマを三つも見つけた。ウェッジショットにも問題がある」

そういって、ボールを打つために走り去った。

1967年のライダーカップがテキサス州ヒューストンで開かれたとき、彼は試合には出場せず、主将として采配をふるった。たしか2日目のゲームだったと思うが、ホーガン主将は信じられない荒技をやってのけた。アメリカのエース、アーノルド・

パーマーを引っ込め、補欠に回して、彼は涼しい顔でこう答えたのだ。

「キャプテンは、いちいち説明などしないものさ」

しかし、パーマーが試合会場の上空をこれ見よがしに自家用機で飛び回り、おおかたのひんしゅくを買ったことに対する制裁であることは間違いないところだ。ゴルフに対する姿勢が、実にきびしいのである。

ボールをうまく打つのは、本人の適性、合理的なスウィング、豊富な練習量さえあれば、それほどむずかしいことではない。しかし、ベン・ホーガンのように最高の地位までのぼりつめ、歴史に名を残すようなチャンピオンになれるゴルファーは、ごく限られている。ボールを自在にコントロールする能力さえ身につければ、だれでも王者になれるのだろうか。もしそうならば、練習量の順に自動的にチャンピオンが誕生するはずだ。

「成功に対する恐れを持たないこと。同じリズムを身につけること。私が残せる言葉は以上の二つだ。この二つがゴルフのすべてを物語っている」

ベン・ホーガンはチャンピオンになる秘訣をたずねられて、こう答えている。

あるゴルファーの卒業式

毎晩欠かさず、几帳面《きちょうめん》に日記をつける、これは禁煙の誓いを守るのに似て、かなりむずかしいことである。

「なに、禁煙なんて簡単なものさ。私はこれまでに百回ほど禁煙してきたし、これからもするだろう」

これを言った皮肉屋の劇作家バーナード・ショーは、日記のほうも気が向くと年に数回という三日坊主だった。

そこへいくと半世紀50年間、1日も休むことなく克明、かつひたすら詳細に「ゴルフ日記」を書き続けたダン・スタールの根気には、ただ深く敬服するばかりである。50年は、決して生易しい歳月ではない。

貧しい運転手の家庭に生まれたダンは、16歳のときからシカゴの生地《きじ》問屋で働き、やがてロサンゼルスに転居して自分の店を構えるまでになった。

パーティで知り合ったエリザベスがゴルフ場の経理を担当していたのが縁で、結婚後、ゴルフを覚えてにわかに溺れていく。

初ラウンドは36歳のときだった。セピア色に変色したノートの最初のページには、こう書かれている。

「なぜ、ボールの手前ばかり叩いてしまうのか。低く右に飛びだすボールが多い。パットは上手だとベス（細君）にほめられた。ボールを2個紛失、グリーンフィ、55セント。スパイク、2ドル75セント」

すでにお気付きの通り、この人は相当に几帳面な性格の持ち主で、クラブの修理代からティペグの代金までを日記につけている。

週末にプレーしたそのときの一部始終を記録していて、月曜から金曜までの日記には、ショットに関する悩み、レッスン書から得たヒント、そして、必ずゴルフ礼賛の一文が添えられている。

「なんと面白いゲームなんだろう。ああ、私の頭は、先日のプレーで犯した数々のミスショットに対する無念と、次のプレー日が待ち遠しくて、いまやハチきれそうだ」

「トップからは、左手と左腰でクラブを引っぱれというウォルター・ヘーゲンの文章が気になって寝つけず、ついにベスを起こさないように寝室から抜けだすと、クラブを持って庭でスウィングを実行する。たしかに、これはいい感じだ。偉大なるヘーゲン、きみは私のゴルフの恩人」

「きょう、スコアが4打も縮まって、わが生涯のベストが誕生した。神よ、ゴルフを与えてくださったことに感謝します」

誠実なるゴルファー、ダン・スタールは、56歳のとき心臓に軽い疾患が見つかったことを契機に第一線を退き、パサディナにエリザベスと共に移り住むと、今度はさらに詳細な「パサディナ日記」をつけはじめたのである。

転居した最初の2年は大事をとって、近くにあるいくつかのコースをまれにプレーするだけだったが、58歳になるとパサディナ・ゴルフクラブに入会、いよいよ日参のプレー三昧が開始される。

「7番と16番のグリーンだけは、どうにも好きになれない。単調で平坦、どこを探してもスリルの一片さえを見つからない。ラインに対する洞察力と、その通りに打てたときのドラマチックなよろこび、ゴルフの中で最も充実する瞬間が、この二つのグリーンには欠けている」

「ベスのリウマチが思わしくないので、しばらくは一人でプレーすることになる。とても寂しい。早朝、手曳きカートを曳いて、きょうのテーマ、シャフトの短い特注のスプーンに取りかかる。ボールを左足の前に置くと、気分のいい高さが得られることを発見。ベスに見せたいグッドショットが二つあった」

「一緒にプレーしてくれたプロのサムが、もっと体を捻れと言う。体を回すほど、自分がボールから離れてしまうようで、いつの間にかちいさなバックスウィングになっていたらしい。また新しいテーマができた」

この日記は、なんと72歳のときのものである。ダンがゴルフに取り組む姿勢は、どこか悟《さと》りを求めてやまない老僧を彷彿《ほうふつ》させる。

「同じことをしているつもりなのに、毎日どこかが違う。スウィングとは、考えるほどにむずかしさが増すものだ」

とも書いている。

ハンディこそ17が最高だったが、ダンはゲームの奥にある「ゴルフのこころ」をしっかりと理解していた。スコアばかりにこだわって、ショットの技術だけに汲々《きゅうきゅう》としている下品なゴルファーとは大違いの人物だ。

「プレーがつらくなったよ」

彼は、コースの支配人に腰の痛みを訴えた。1983年、ダンは85歳になっていた。

「きょうで、最後にしようと思っている。もう十分に打ったからね」

少し前にベスを亡くしてからというもの、さらに背中が丸くなり、人なつこい笑顔も消えていた。

支配人のカール・グレインは心の優しい男だった。彼はダンのために「卒業式」を計画し、メンバーに呼びかけた。日曜日の夕方、おどろいたことに200人を超えるメンバーたちが礼装でクラブハウス横の会場に集まり、ダンを抱きしめたりキスをしたり、口々に、

「卒業、おめでとう！」

と祝辞を贈った。

すべてのメンバーが出し合ったお金で、イギリス製の素敵な安楽椅子と、さらには著名な画家、ジェナ・グレッセンに依頼して描いてもらった50号ほどの油絵がダンにプレゼントされた。

絵にかけられていた白い布をとったダンは、何か言おうとしたが声にならなかった。そこには手曳カートをうしろ手に曳いて、仲良く18番グリーンに向かうダンとベスの姿が淡い色調で描かれてあった。

スピーチに立った彼は、最後まで几帳面なゴルフの優等生ぶりを全員に披露した。

「私はこのコースに27年間通い続けて、4890ラウンドをプレーした。年に平均180ラウンド、すなわち1日おきにラウンドしたことになる。われながら、呆れたものだ」

笑いと拍手の中、彼は続けた。

「ゴルフを始めた日から、私はゲームに関するすべてのことを日記につける習慣を持ったが、先日、日記帳を勘定してみたら500冊に達していた」

「ここでの27年間、私は自分のゴルフ人生を統計にしてみた。この間に失ったロストボールが1638個、支払ったグリーンフィが7387ドル、さらに9個の小型キャディバッグと6台の手曳きカートを消耗した。また、私と妻のベスは、コース内で遊ぶ小鳥たちに1400ローフのパン屑を与え、大嫌いなヘビ126匹を殺した。幸いなことに、27年間のうち雨にたたられたのは、たったの52回であった。以上が私のゴルフのすべてであり、皆さんの友情と、コースの人々の努力に対して、心からありがとうと申し上げたい。私はこのコースの卒業生であることを誇りに思っている」

ダン・スタールは、拍手の中を贈られた安楽椅子に深々と腰を降ろした。前例のないゴルファーの卒業式は感動的に終了し、翌年の春、彼は静かにベスの待つ国に旅立って行った。

ＯＢに泣く者を笑え

南アのモーブレイ・ゴルフクラブには、古き良き時代の風潮がいまなお健在である。

食事の席ではネクタイ着用、必ずプレーには会員が同伴、１組四人の合計ハンディは１００以内、そして、午後2時を過ぎるまでは酒類の一切を販売しない。お花見じゃあるまいし、ゲームの途中で酒を飲み、赤い顔をしながらボールを打つようなスポーツがどこの世界にあるか、という正論がここでは生きている。酒に意地汚い日本のゴルファーなど、南アに輸出することもできやしない。

もうひとつ、ここには本当の意味でのクラブ思想がある。もともと「倶楽部」とは、共通の目的と楽しみを求めて同好の士が集まる場と定義され、全会員が出席して運営の一切を決めていくものだが、この点でもわが国の倶楽部のあらましは、経営者側の匙《さじ》加減ひとつで動かされている。

モーブレイGCでは年2回、すべての会員が一同に会して意見を述べ合い、明朗にコトを運んでいるのだが、つい数年前のこと、総会の席上で一人の会員が発言を求めた。

「よそと比べて、うちのコースにはOBの白杭が多すぎるように思うが、どうだろうか。気にして見ると、実に24カ所もOB区域があって、260本もの白杭が墓標のように立ち並んでいる。おかげでわれわれは萎縮を強いられ、のびのびとボールを打つこともできない」

「その通り！」

会場から、賛同の声があがった。

「ゴルファーは常にOB区域を意識し、おびえながらプレーしているものだ。少し白杭の数を減らして、もっとわれわれを楽にしてもらえないだろうか」

この発言に対して、かなりの拍手が湧き起こったのは理事たちにとってショックだった。すぐに理事会が招集され、翌月になると次のような貼り紙が掲示される事態となった。

「暫定的に、コース内のすべてのOB杭を撤去し、スルーザグリーンとする」

告示のあと、温厚なトーマス・コンウェイ理事は、こうつぶやいた。

「この処置から、彼らはまたひとつゴルフを学ぶだろう」

OBがないと知ったゴルファーたちの目の色が変わったのは当然のこと、思いっきりボールを叩きはじめた。折しもクラブ選手権の予選も始まり、選手諸兄までが風車のようにクラブを振り回して飛距離を欲張った。

「視界の中から、あのいまいましい白杭が姿を消したぞ。やれやれ」

「これでようやく、自分の飛距離の限界に挑戦することができる。思いきり攻めて、ベストスコアを狙ってみようか」

2回戦から顔を見せた前年度のチャンピオンで、全英アマにも出場したことがあるロバート・シーマン選手の場合、欲張る気はなかったのだが、6番のロングホール、525ヤードの2打目地点でツーオンを狙う気持ちになった。

ここはゆるやかな右ドッグレッグ、グリーンの手前が細くなっていて、これまで左右がOBだった。しかし、きょうは禁忌の区域が開放されている。いつもはアイアンで刻んで3打目に全神経を集中するのがシーマンの戦略パターンだが、自分の中のもう一人の自分がしきりに嗾《けしか》ける。

「やれ！　やってみろ。もし失敗してもOBじゃない。ちょっとしたリカバリーでスリーオン、いつも通りになるだけだ」

彼はスプーンを持って身構え、目一杯のスウィングをした。ボールは高く舞い上がり、途中から加速するようにフックしはじめると、グリーンの左斜面に消えていった。

ボールが入ったと思われるあたりを上から見たとき、シーマンは息が詰まった。原住民がフィンボスと呼ぶ南ア特有の「マッキエ景観」が見渡す限り広がっているではないか。シュロ、ネムの木といった亜熱帯林と、エリカ、プロテアなどの硬葉叢林《そうりん》が生い茂って、斜面の下はまさしくジャングルだった。

ゲームがマッチプレーなら、おそらくこの景色を見た瞬間にギブアップを宣言したのだろうが、１９６６年以来、モーブレイGCでは公式競技のすべてにストロークプレーを導入していた。

からみつく蔓《つる》を払い、硬葉植物をかきわけ、アカシア科の有棘木をよけながらボールを探すこと数分、キャディが叫んだ。

「スワンジ・スネークがいる！」

噛まれたら10分で死ぬといわれる毒ヘビの出現だ。茂みの奥からは猿の悲鳴と、なにやら低く唸る野獣の気配も伝わってくる。

「あった！　ここにあった！」

キャディの立つ場所に行ってみると、ロカイと呼ばれる木の近くに、まぎれもなく自分のボールが落ちていた。アンプ

レヤブルを宣言しようにも、あたり一面昼なお暗きジャングルだ。

それからのシーマン選手の悪戦苦闘ぶりは、涙なくして語れないものだった。茂みから力一杯打ち出したボールは木に当たり、硬葉植物の下にもぐり、蔓に跳ねられて左右を往復したかと思うと隠花植物帯の中にすっぽりと沈み、やっとの思いでグリーンにたどりついた彼の姿は、さながら探検隊の生き残りといったありさま。丸1日を費やしたと思われるほど長くて過酷な6番ホールがようやく終わって、シーマンは虚ろな声でスコアを告げた。

「21打……。なんと、21」

ほかにも受難者はゴマンといた。4番の右側は石ころだらけの沢になっているが、石と石のあいだにボールが入って打つことができず、アンプレヤブルで岩の上から打ったまではいいが、ダフって手首にひびが入り、早々に病院で手当てを受ける者。16番の崖を降りようとして転落し、救急車の世話になる者。17番では茂みの奥でハチの大群に襲われ、これまた入院する者。OB解禁のその日、モーブレイGCは騒然たる雰囲気に包まれた。そして翌日も、またその翌日も、怪我人とダブルスコアに泣く者があとを絶たなかった。

解禁から5日目には、OB杭を元通りにして欲しいという陳情が殺到するようになった。

「1カ月目に、260本の白杭は元の場所に戻されました」

理事のトーマス・コンウェイ氏は、にこやかに語っている。

「世の中にはOBをペナルティと誤解している人の、なんと多いことか。そこで私たち理事会は、ゴルファーにとってあの白杭がいかにありがたい救済処置であるかを黙って教えることにしたのです。効果はてきめん、いままではたった1打加算するだけで悲惨な現場行きが免除されると、だれもが大よろこびするようになりました。OBはルール上でも最大の救済処置です」

さて、われわれの身辺にいる未練たらしいスコア至上主義者が、もし今度「あのOBがなかったら」とわめいたならば、こういってやろうではないか。

「OBは帳消しでいいから、林の奥、崖の下に行って、あるがままの状態で打ってこいよ」

子を育て、球を打ち、人生はバラ色

皆からマージと呼ばれるマージョリー・ローは、スタート前、自分の応援にかけつけた家族一同を、とりあえず同伴競技者に紹介しておくことにした。

「これが私の主人のトーマス、トムと呼んでね。長男のミッチェルと彼の妻のアン、子供が三人いて、上から順に……。それから次男のジョージと彼の妻のスージー、子供が三人いて、上から順に……。こっちにいるのが長女のカレンと彼女のハズ、子供が四人もいるのよ。上から順に……。次女のナンシーと彼女のハズ、いま三人目がお腹にいるの。そして三女のベッツィと彼女のハズ、この子のところも次女と同じ、可愛い子が二人いて、上から順に……」

長い紹介を終わらせたマージは、立ちくらみしている同伴競技者には目もくれず、家族たちに向かって一席、短いスピーチをブッた。

「さあ、あなたたち、おばあちゃんの言うことをよく聞くのよ。誰かがボールを打つときは、お口を閉じて、食べかけのお菓子は背中のうしろに隠して、動かずにジッとしていなさい。オシッコは途中のトイレまで我慢するのよ。もし騒いだ子がいたら、1カ月間、おばあちゃんはプリンもアイスクリームも、もちろんアップルパイも上げませんん。さあ、静かにゴルフを見るって誓ってちょうだい」

大集団は一人残らず、大統領が就任宣誓をするように右手を上げた。これで安心、マージは1番ティに立つと、とても57歳とは思えない華麗でパワフルなショットを放った。

サンタバーバラで行われた1989年度の「バハ・カリフォルニア女子ゴルフ選手権」をスタートした彼女たちのパーティは、どこから見てもピクニックに出発する子供の群れと付き添いの親たちだった。プロとちがってアマの試合にはロープがない。フェアウェイは原則として立入禁止だが、子供たちはそんなこと、おかまいなし。

「おばあちゃん、いつまでボール打つの？」

「そうね、あと3時間かしら」

「まだ疲れない？」

「おばあちゃんはね、ボールを打ってるときのほうが、お前たちと遊ぶより疲れないの」

別の孫が足元にまとわりついて、

「チョコ食べる？」

「いまは、いらないよ」

「むこうの叔母さんのほうが、おばあちゃんより飛んでるよ」

「シーッ。黙って見ておいで。終わってみれば、おばあちゃんのほうが強いんだから」

マージの試合ときたら、いつもこんなふうだ。この選手権にも過去4回優勝しているが、大試合になるほど応援団の頭数も増えていく。近隣の人たちは、笑顔を添えて「マージの一個連隊」と呼ぶが、大家族による和気あいあいの応援風景は、これまでに何度かマスコミでも紹介されている。

実は、マージョリー・ローが1976年、公式競技で演じた見事なママさんゴルファーぶりは、あちらのゴルフ専門誌に大きく取り上げられた。あるいはどこかで読んだ向きもあるだろう。

C・プラムリッジも「ゴルフにおける不運と災難について」の中で、彼女の獅子《しし》奮《ふん》迅《じん》ぶりに触れている。

この年、まだ若かったマージは、パームGCのレディス選手権に出場していた。彼女の自宅は7番ホールに隣接し、玄関からスパイクをはいてクラブハウスに行けるのが自慢だった。

ゲームが6番まで進んだところで、フロントから使いの車が走ってきた。いちばん下の娘が足を骨折したので至急帰宅して欲しいと。

そこで一人の選手にボールの見張りをたのみ、もう一人の選手と共にフェアウェイを横切って自宅に急行、娘を病院に入れると、再びコースに戻ってプレーを続行した。

10番ティでアドレスに入ったとき、今度は近くのハウスからマージを呼び止める声。

「電話が入ってますよ！」

走って受話器を取り上げると、もう一人の娘がマリファナ所持で、いま校長室に拘束されているという知らせ。

そこでティショットを待ってもらって、すぐさま学校に駆けつけ、校長にお詫びを入れてから大急ぎUターン、10番をスタートした。

14番のグリーンを終わらせたところに、またまた車がやってきて、別の娘が教室でハシカの発疹に見舞われ、全身ブツブツで大騒ぎ、すぐに来てくれとの伝言。マージは次のショットを待ってもらって学校に飛んで行き、ハシカの子を家に連れ帰ってベッドに寝かせると、再びフェアウェイを走って15番ティへ。

懲りずに根気よくマージの帰りを待っていた他の選手たちもえらいが、本人はもっとえらかった。ゴルフをしながら東奔西走、目の回る忙しさの中で、17、18番をバーディで締めくくって「76」は見事なスコアだ。

かくして彼女はメダリストに輝き、その表彰式が始まった瞬間、時計を見たマージが血相を変えて叫んだ。

「ごめんなさい！　子供を迎えに行く時間なの！」

脱兎の如く飛び出して、アルバイト先をクビになった長男を迎えにマージはひた走った。

この「プレー中座事件」は、州のゴルフ連盟でも大きな問題にされた。

競技委員会の結論は「失格」だった。

すなわち規則37の7、「競技参加者は、はなはだしく遅れることなくプレーしなければならない」、これに抵触するというのだ。

だが、クラブ側はこの決定に激しく抗議した。

「骨折した子を、その場に転がしておけというのか。マリファナに溺れようとする子を、黙って見過ごせというのか。ハシカの子を放置して、生徒全員ブツブツに感染しても知らないというのか。ルールはルールだ。しかし、彼女は立派に母親の大役をこなしながら、かつゴルファーとしても立派な成績を残している。われわれは、マージに心からの拍手とメダルを贈りたい」

すると連盟は、〝あまり中座しない〟というマージの誓約書をもらうことで、決定を撤回した。

この出来事を報じた地元紙のT・ウィッツ記者は、こう書いた。

「連盟の判断を歓迎する。ゴルフから、ヒューマニズムとユーモアを奪ったならば、あとに何が残るのだろうか」

それからあとも育児に追われる超多忙の日々は続いたが、寸暇を惜しんでマージはボールを打ち続け、クラブ競技に16回、アマ競技に9回も優勝してきた。

ゴルフは育児や家事と同じ、彼女にとって欠かせない日常のひとつだった。

子供たちは大きくなり、孫も増えた。趣味のない同年配の人たちが無為の時間を持て余して日溜りを盗むとき、マージは溌剌《はつらつ》とゴルフのある人生を謳歌し続けている。

これこそが、ゴルフにめぐり逢えた者だけに与えられた幸せ。

「おばあちゃん、きょうもゴルフに行くの？」

「そうだよ。でも何かあったら、すぐに途中から戻ってくるからね」

スパイクをはきながら、孫たちとやりとりするマージの元気な声が、きょうも聞こえる。

ときには、ちょっといい話

ロイヤル・リザムで開催された1974年の全英オープン、決勝ラウンドの出来事。

ルールの精神を遵守《じゅんしゅ》することにかけては〝最高裁の判事並み〟といわれたトニー・ジャクリンのボールが、野ウサギの穴に飛び込んだ。

当時の規則では、巣穴からクラブ2本分の距離に無罰打でドロップが許されていた。

「すばらしい予感がする。多分、今回の優勝もいただきだね」

ジャクリンは、ボールをドロップしながらキャディにウインクした。彼はこのリザムで5年前にも全英を制しているが、そのときも巣穴につかまり、不思議なことに、それを契機に快進撃が始まったのだった。

ドロップしたボールは、わずかな斜面の力を借りてころころと転がり、申し分のないライに止まった。そこには野ウサギの巣穴から2ヤードほど離れてきた。

「これは、少しおかしいぞ」

規則に従った挙句に出現した最高のライを前にして、かれは考え込んでしまった。規則は単なる救済処置であって、無条件に完璧なライを与えてくれるものではないはずだ。巣穴からそのまま打つことを考えると、天国と地獄ほどの差がある。この結末は、心にしこりを残すに違いない。話がうますぎる。

そう思ったジャクリンは、手中のアドバンテージを放棄することにした。悪いライに打ったはずが、最高のライに恵まれるのは不条理だと信じての行動である。

再ドロップしてゲームを続け、ホールアウトした直後、役員に呼び止められた。

「トニー、きみはドロップしたボールを拾い上げてしまったね。あれは駄目だ。裁定は2罰打の付加だよ」

彼は呆然として、ものが言えなかった。

「規則22の2Cを読みたまえ。きみの処置は間違っている」

そこでキャディバッグからルールブックを取り出し、くだんの規則を読んでみた。

「ドロップしたボールが、ハザードに入ったり、グリーンに乗ったり、OBになったり、最初の地点からクラブ2本分以上離れたり、最初の地点からホールに近づいた場合には、ペナルティなしに、もう一度ドロップすることができる」

ジャクリンは、巣穴からクラブ2本分以内の場所でドロップした。ボールはクラブ2本分の範囲内で、いいライに止まった。だからボールを拾い上げてはいけないのだ。ホールに近づいたわけでもなかった。ただ、スポーツマン精神が、フェアな心が、いいライを許さなかっただけである。

「自分に正直に、よかれと思ってしたことが罰を受ける。矛盾してるじゃないか。悪いライに打った者が、知らん顔をしていいライから打ち直し、おれはルールに従ったまでだとうそぶくのは、絶対にフェアじゃない。ルールは神聖だというが、人間の作ったものだ、もっと正直に欠点を認めて、のびのびと裁定するべきじゃないのかね」

彼は記者団に不満をぶちまけた。

これをどう考えるか、それは各人にまかせるとして、トニー・ジャクリンという偉大な選手が、このときからゴルフに対する情熱を急速に失っていったのは事実である。

裁定が完璧かどうか、それは別問題なのだ。ゴルフでは規則によって、

「委員会から任命されたレフェリーであれば、彼の裁定は最終的なものとみなされる」

と明記され、反論の余地がない。

ところが、オークヒルで行われた1968年の全米オープン初日、ボールを池に落としたジョン・シュリーの打ち直し地点をめぐって、役員は間違った場所を指示した。これでシェリーは少なくとも1打以上の損をしたが、いくら個人的に謝罪されても後の祭りというものだろう。

トニー・ジャクリンから〝やる気〟を奪った1974年のロイヤル・リザムでは、南アのデール・ヘイズもまた善意の復讐を受けていた。

彼の放った豪快なツーオン狙いのショットは、砂丘の真ん中の深いラフに飛び込んでしまった。観客まで参加してのボール探しは4分を経過、ヘイズは規則に忠実に、元の場所まで戻ってボールをドロップ、アドレスした瞬間、キャディの叫び声が聞こえてきた。

「あった！　ボールがあった！」

時計を見ると、まだ5分経過していない。そこで走って現場に到着、時間ぎりぎりのショットに成功した。

ゲームが終わって、ハウスの中でジントニックをすすっているヘイズのところに、いかめしい顔をした役員がやってきた。

「テレビで見たよ。きみのプレーは放送されていたんだ」

「それは、どうも。パットがいまいちだったね」

「そうじゃないんだ。きみは新しいボールをドロップした瞬間、それが正式球になるというルールを忘れたのかい？　つまり、正当でないボールを使って、正当でない場所からプレーした上に、次のホールでストロークする

前、そのエラーを修正しなかったわけだ。これは定められたラウンドを終了していないことになり、間違ったカードに署名したペナルティに問われる。わかったね？　きみは失格だ」

こうした例は無数にある。たとえ善意であろうが、ルールに背いてはならない。いや、もっと正確にいえば、ルールを無視してまで常識を優先させるのはゴルファーの仕事じゃないってことだ。

だが、血も涙もない規則の世界にだって、まれには例外もある。メジャーの試合で情状酌量が行われたのは、おそらくこれをもって空前絶後とするのではないだろうか。

セントアンドリュースで開催された１９５７年の全英オープンは、最終72ホール目を迎えて、２位に３打差、ボビー・ロックがあとワンパットで４つ目のメジャータイトルを手中にする大詰めのシーン。

同伴競技者のライン上にロックのボールがあった。彼はマークした上で、さらにパターの長さ一つ分だけマークをずらした。そして、いよいよ優勝決定の瞬間、大歓声の嵐の中、マークを元の位置に戻すことを忘れて違った場所からカップイン、そのままもみくちゃにされた。

テレビが一部始終を放映したこともあって、委員会は紛糾した。ボビー・ロックは、場合によるとタイトルさえ剥奪されるケースさえ覚悟した。と数日後にセルウェイ会長から1通の手紙が送られてきた。私は、この手紙の文面が好きである。ここにはゴルフ騎士道のユーモアが馥郁《ふくいく》と香っているのだ。

「親愛なるミスター・ロック。

最終グリーンでの出来事について、委員会では特別の処置を取らないことに決めました。あなたの優勝スコアは279のままです。

この決定は、2フィートの距離で全英の覇者になれたはずの人が、誤って3フィートのところからボールを打ったとしても、とくにその人に有利とは思えないためです。偉大なるゲームの精神にのっとり、以上のように決定いたしました。なお、この手紙はどなたに公表されても構いません。

N・C・セルウェイ」

下劣なパー、誇り高きダブルボギー

排水完備、環境抜群の近代的バンカーに慣れ親しむ私たちから見ると、大自然の力によって気まぐれに穿《うが》たれたスコットランド地方の原始的バンカーは仰天させられる。たとえば海岸から吹きつける北海おろしの強弱によって砂の量が増えたり減ったり、一夜にして至る所に見知らぬバンカーが出現したかと思うと、翌朝には忽然と消滅したり。さらには豪雨が続くと多くのバンカーが水没、ときには地下水が出口を求めて噴水のように溢れる光景に出食わすこともある。

アメリカで捏造《ねつぞう》されたゴルフ用語のひとつに「砂の罠《サンドトラップ》」という、いかにもバンカー嫌いの考えそうな軽薄語がある。しかし、罠とは人が仕掛けた陰湿な手段をいうのであって、もともとバンカーは自然の一部、ゴルファーの前に堂々と提示された単なる障害物にすぎない。それがどれほど自然なものか、如実に証明する話がある。

スコットランドの北部、暗雲たれ込めて寂寞《せきばく》としたウィック・ゴルフクラブを初めて見たバーナード・ダーウィンは、荒涼のラフにたって18ホールを見渡しながら次のように言った。

「ここは、まさしく灰色の服を着た老哲学者の棲《す》み家だ」

コースは1870年に作られたが、なにしろ波濤荒ぶる海岸に密着するため、とくに11月からの厳寒ともなると拷問に等しい烈風と直面、波しぶきと寒気を防ぐために頭からアザラシの毛皮コートをかぶって球を打つのが当地の常識とされる。ゆえに、波打ち際でショットに手こずっていたメンバーの一人が、突如背後からオスのオットセイに押さえ込まれたのも無理ない話、彼が着ていたのはメスの毛皮だった。

1947年のこと、この地に風雨吹き荒れて1週間が経過、ようやく再開されたコースにやってきた七人のメンバーたち、すっかり池と化したバンカーの中に蠢《うごめ》くものを発見する。

「これは凄いぞ！」

「いやはや、何とも豪華な！」

折しも産卵に押し寄せたサケの大群のうち、ゴルフに興味を持つ35匹がコースに立ち寄ってバンカーにつかまり、自ら脱出に失敗してギブアップ。それにしても七人で35匹とは思わぬ大漁だった。そう、かくもバンカーとは自然の一部、「罠《トラップ》！」とはサケが言うことだ。

さて、第47回オックスフォード大学対ケンブリッジ大学のゴルフ部定期戦が行われた1930年5月の出来事をご紹介しよう。このときも連日豪雨に見舞われて試合場のホイレークは水びたし、多くのバンカーは地面と平行になるほど満々の水をたたえていた。ちなみにカジュアルウォーターに関するルールは過去5回ほど手直しされているが、この1930年時代でも至って曖昧なものの一つに数えられ、とくにプレー不能のバンカーに遭遇したケースでは紛糾が絶えなかった。

試合開始を前にして、水溜りと化したバンカー内の処置について両校のキャプテンが話し合いを始めた。

「ホールに近づかない場所に砂が露出していれば、そこにドロップする。OK？」

「OK。問題はドロップする場所がない場合、どうするか」

「水中から拾い上げて、後方にドロップ。当然有利なライが与えられたわけだから、ウォーターハザードと同様、1罰打を付加すべきではないか？」

「しかし、本来は当たり前のバンカー入れただけの話だろ？　それが1罰打とはきびしすぎないかね」

「確かに」

オックスフォード大学のボブ・ボー主将と、ケンブリッジ大学のエリック・ブレイン主将は、ルールブックを真ん中にして途方に暮れるばかりだった。アンプレヤブルの規則は早くから存在したが、この場合、すべてのバンカーが水没したわけではなくて立派に使えるものもあった。従ってバンカー全部をウォーターハザードに扱うこともできないのだ。

その日、取材にきていた何人かの記者が首を突っ込み、過去の例を持ち出してアドバイスを始めるに至って、事態はますます混乱の様相を呈していった。あとになって、「タイムズ」のビクター・ロングスタッフ記者はこう書いている。

「学生たちは〝ピック・アンド・ドロップ〟の方向に傾いていた。無罰打で拾い上げて後方にドロップするというものだ。そこで私は、いますぐルールを猛勉強するか、あるいはゴルフをやめたほうがいいと主張した。気象も天与の条件、水中にあってショット不能のボールを草の上に戻したうえ、それを無罰打でプレーしようとする精神は恥ずべき堕落だとも言ったが、彼らは耳を貸さず、ルール

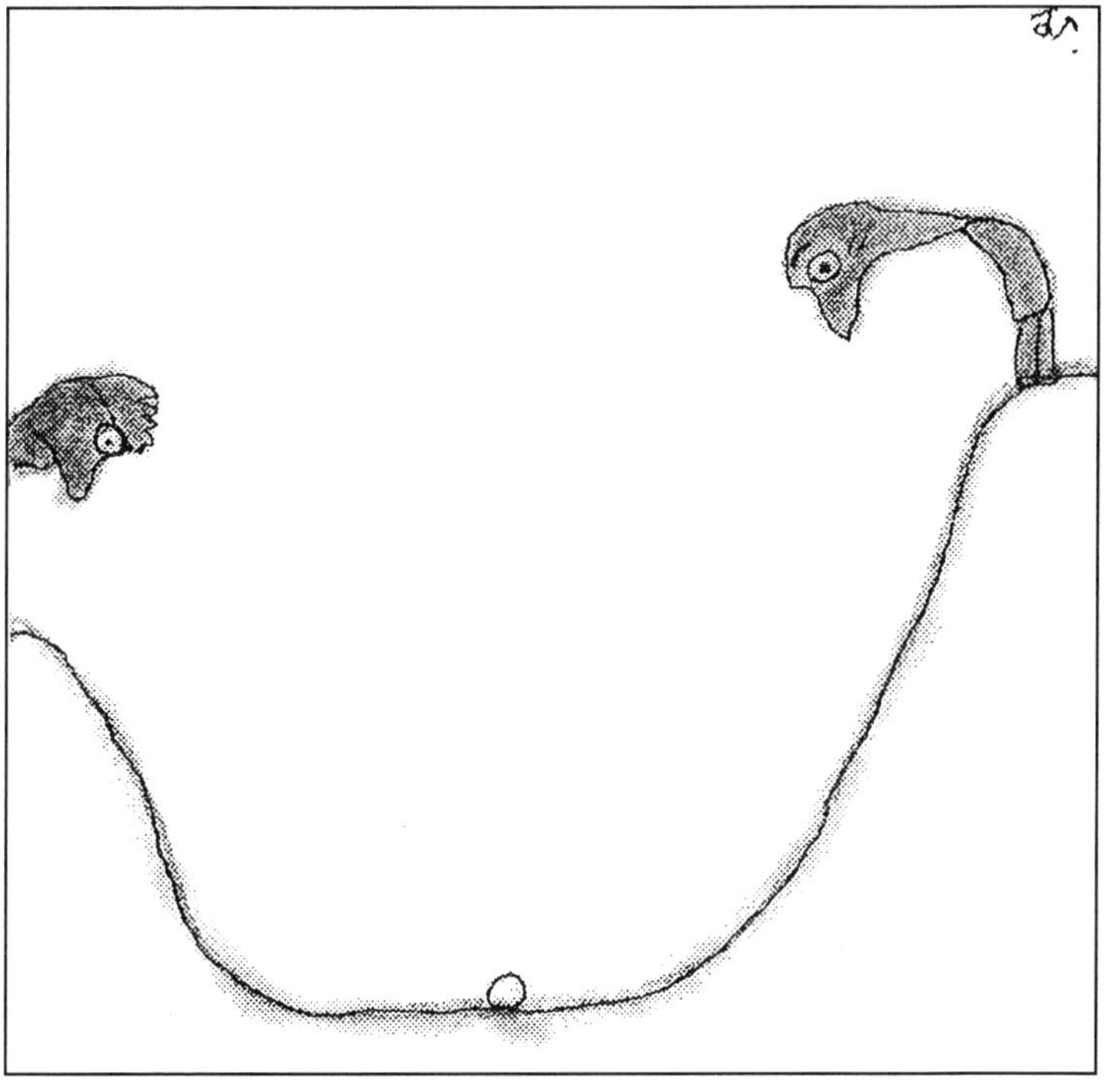

ブックにないのだから仕方がないと呟き、プレーの開始を命じたのだった」

数日後の「ザ・タイムズ」には、バーナード・ダーウィンがこの件を取り上げて次のように書いた。

「寒風吹きすさぶホイレークのコースにいた学生諸君。その伝統ある名コースは議論の場ではない。ゴルフの精神は自己に厳格、寸分も有利に振る舞わないことだ。議論の余地もなく、ライを変更したときはペナルティを払うのがゴルフの掟、あるがままの崇高な精神もわからぬ者にクラブを振る資格などないと知り給え」

雑誌「ゴルフ」だけ、唯一同情的な記事を掲載した。

「名誉と伝統を重んじる両校の選手が、ルールを曲げてまでスコアを有利にするはずがない。彼らはルールブックに存在しない事態と遭遇して、ただ混乱しただけである」

ゲームは、スタンスの取れないバンカーに限って無罰打でピック・アンド・ドロップと決定、選手たちは次々にスタートしていった。ところが第4組、ケンブリッジ大学のブレイン主将と対戦したオックスフォード大学のヘンリー・ロングハースト選手が、2番ホールでスタンスの取れないバンカーにボールを入れてしまった。お察しの通り、のちの高名なゴルフ評論家ロングハーストの若かりし姿である。

彼はボールをバンカー後方にドロップ、次のショットでグリーンをとらえるとツーパットして「6」と言った。

「えっ!? きみは特別ルールの説明を聞いていなかったのかい。水没しているバンカーの場合……」

「聞いたとも」

ロングハーストは、ラジオの名解説で世界中を唸らせた後年の片鱗をのぞかせる温和な声で言った。

「きみたちは大きな事を忘れたね。ゴルフにはアウト・オブ・バウンズ（OB）という鉄則がある。水についての解釈にこだわるから本筋を見失うのだ。次打が打てない場所に打ち込んだらOB、元に戻って打ち直すべきだ。しかし、全選手がスタートしたいまになって変更するのは至難。そこで私は最も重い2罰打を課してプレーするよ」

彼は前半の9ホールで早くも50を打ったが、強風下に立つ青年の姿は誇りに満ちたものだった。ダーウィンはコラムの中で次のように書いた。

「汚いパーを恥じよ。誇り高きダブルボギーに乾杯、そして拍手だ！」

真っ赤な林檎の木の下で

意外な感じもするが、アメリカにゴルフの最初の一滴がもたらされたのは1887年、さして古い話ではない。

1887年といえば明治20年、伊藤博文が首相の座について3年目。いささかおどろくのは、この年からわが国に教科書検定制度が導入されていることだ。

アメリカ合衆国におけるゴルファーの第一号は、記録によって正確にわかっている。

1887年1月、友人のロバート・ロックハートが商用を兼ねて故郷に帰ると聞いて、ジョン・リード（1840〜1916）は矢も楯もたまらず、夢にまで見た買い物を依頼する。

「すまないが、ついでにトム・モリスの店に寄って、クラブを6本、それにボールを2ダース買ってきてくれないか」

この二人は、ともにスコットランドからの移民。リードが大西洋を渡ってニューヨーク郊外のヨンカーズに定住したのは、1860年、彼20歳のときだった。

いまでは地名も変わってしまったが、当時のセオドア地区にはスコットランド移民が多く住みつき、製鉄工場で働いていた。二人は社宅で隣同士だったが、やがて独立したリードは、鉄とスチールで巨万の富を築き上げる。

余裕ができるほどに、子供のころから夢中だったゴルフがしたい。禁断症状に身が苛《さいな》まれる思いの折、ロックハートの帰郷だ。

リードはのちに、こう書いている。

「懐かしきスコットランドから、私が死ぬほど待ち焦がれた6本のクラブを抱えて、ロバートが戻ってきた。すぐさま私は息子を連れて近くの空地に急ぐと、ふるえる手で続けさまにボールを打った。アメリカに来てから27年目にして、ようやく私は最高のよろこびを手に入れたのだった」

その場所は、いまのマンハッタンの北西あたりである。

翌1888年の2月22日、リードはあえてジョージ・ワシントンの誕生日を選んで、前年の秋から冬にかけて自宅近くのヨンカーズの牧草地に作ったアメリカ最初の3ホールを、五人の親友に披露した。

「待ち切れなくてね。それで臨時の3ホールを作ったが、いま、この近くにセントアンドリュースをイメージした6ホールを建設している。さあ、ゴルフを始めよう！」

正しく言えばアメリカのゴルフは、1888年2月22日に幕が切って落とされた。

その年の4月、近くに完成した6ホールに舞台を移すと、クラブ結成の話が持ち上がり、11月、七人の男たちによって「セントアンドリュース・ゴルフクラブ」が誕生した。

彼らはリード邸で夕食をとりながら、クラブ規則のあれこれを申し合わせたあと、初代会長にジョン・リードを選出し、食後、再びアルコールが回ったところで、古くからスコットランドに伝わるゴルファーのざれ歌「ゴルフィング・マー」を合唱した。それは、こんな歌である。

「最初に地べたに穴ボコを掘ったやつを、皆で讃《たた》えよう。

退屈で死にそうなこの人生が、きみのおかげで豊かになった。

恋はひととき、結婚は我慢、仕事はいつかは引退するが、おれの人生にはゴルフ、最高の伴侶《はんりょ》が一緒だ。

だから、最初に地べたに穴ボコを掘ったやつを、皆で讃えよう！」

なんて素敵な歌だろうか。ビールを飲み干し、ゴルフ談義に熱中したクライマックスに一同声を合わせ、足を踏み鳴らして大合唱するのに、これ以上の歌詞はない。

「セントアンドリュース」が誕生した翌1889年、日刊紙「フィラデルフィア・タイムス」に、初めてゴルフの紹介記事が登場する。しかし、人々は無感心だった。

1892年4月、クラブは元の場所から4ブロック北に寄った34エーカーの林檎園を買収、そこに移動して、林檎の木々の合い間を巧みに利用した6ホールでプレーを続ける。メンバーは十三人に増えていた。

いまに残る数枚の写真を見ると、1番ティの横にそびえる大木の下が、そのままクラブハウスとして利用された。人工の建物といったら、粗末な便所がポツンとあるだけ。

　コースにやってきた彼らは、林檎の枝に上着をひっかけ、弁当をつるし、飲み物が入ったポットの紐をくくりつけた。林檎の実が赤くなる季節を迎えると、ショットの合間に手を伸ばしてガブリとやる。

　この様子を見にきた雑誌「ザ・センチュリー・イラストレイテッド・マンスリー」の記者は、見出しにこう書いた。

「ジ・アップルツリー・ギャング」

　こうして、初期の伝説にすばらしいタイトルがつけられた。

その後、ジョン・リードは、あとから誕生したニューポート、シネコックヒルズ、ザ・カントリークラブ、シカゴ・ゴルフクラブの代表者たちによって創設されたUSGAの会長を9年間もつとめ、ゴルフ規則を起草し、チャールズ・マクドナルドと共に、アメリカン・ゴルフの確立に卓抜した力量を発揮している。

だが、リードは別として、肝心の「アップルツリー・ギャング」の面々については、これまでその素顔がよくわからなかった。

ところが最近になってホットスプリングズから初期のメンバーの一人、E・A・ドナーの日記が発見され、およそその様子が見えてきたのである。

1892年当時、やっとの思いでゴルフにありついたギャングたちは、夜もおちおち寝ていられないほど興奮していた気配だ。

「ゴルフ前夜は寝つけない」

と、ドナーは書いている。

「ならば少しでも早くコースに到着し、練習でもしていたほうが気が休まる。実は午前3時ごろ、コースにきてしまったこともあるくらいだ」

ドナーは仲間から、「眠れる鳥を起こす男」と、揶揄《やゆ》されるほど早くコースに姿を現した。ニックネームは「照れ屋《プレッシャー》」、いい当たりをほめられると、照れて頬を赤らめる純情ぶりに由来する。

2番目に姿を現わすのは、たいていの場合「歌劇《オペラ》」と呼ばれた小柄な男である。彼は原語で200曲のオペラを歌いこなす特技を持っていた。

　夜明けを待ちかねたように、「照れ屋」と「歌劇」がゲームを始める。やがて巨漢の「大咲い《グリーディー》」と、その背中に隠れるように「赤鼻《レッド・ノーズ》」がやってくる。そして、最後に走ってくるのが「靴屋《シューメーカー》」と、相場が決まっていた。病気の女房と五人の子供に食事の用意をし、それからコースまで全力疾走、ゆえに彼の遅刻は大目に見られていた。

　こうしてアメリカ初期のゴルファーたちは、真っ赤な林檎の木の下でボールと戯れ、楽しかった1日が終わると、リードを中心にして幹に寄りかかる者、草っ原に寝ころぶ者、パンを齧り、ウイスキーを回し飲みしながら、話すことといったらゴルフ、ゴルフ、またゴルフ。

　たった一度しかない人生の中で、素敵なゲームにめぐり逢えた者だけが味わう高揚を、彼らは陽が沈むまで満喫するのだった。

夜明け前の大男

本心を明かすと、実は古代ローマ人のように暮らしてみたいというのが、私の夢だった。

宴会好きの彼らは、陽が西に傾くのを待ちかねたように、キングサイズ大のベッドの上に酒を持ち込み、食べ物を運ばせ、官能にむせ返る太り肉《しし》の女たちを侍《はべ》らせて、1日の後半は寝そべったまま過ごしたものである。

酒池肉林に寸暇を惜しむあまり、ついにはオマルまでベッドに持ち込み、この発想によってローマでは、食欲、性欲から排泄に至る人生の快楽と面倒のすべてが、ベッドの上で処理されるようになった。

彼らの怠惰《たいだ》に拍車をかけたのが、それまでの自然醗酵酒から蒸溜酒への進歩と、美食の普及である。

史上最古の料理学校を開設した美食家アピキウスは、強引な手段で鵞鳥《がちょう》に乾燥イチジクを与えることで「イエクール・フィカトム」（肥大した肝臓）の養殖に成功した。いまのフォアグラである。

さらに彼は、ショヴァロ岬に棲息する伊勢エビ、カニ、ヒラメが、他に比べて格別に美味であることを発見、軍隊を現地に派遣して海底を浚《さら》い、獲物をローマまで運ばせた。

暗礁が多く、海の墓場と呼ばれるこの岬の魚介がことさら美味な理由について、アピキウスは、

「難破船と命運を共にした遭難者のおかげである」

と、書いた。

美酒と美食の発達、加えて、むっちり女の氾濫《はんらん》によって、貴族や将軍はむろんのこと、兵までが肥満と倦怠に足腰がよろけるに及んで、武技訓練の義務強化、とくにスポーツの振興が強く叫ばれはじめた。

いま行われている競技のほとんどは、ギリシャ、ローマの時代に端を発している。馬車レース、ポロ、レスリング、巨岩投げ（砲丸投げ）、槍投げ、サッカー、そしてマラソンなど。

そうしたゲームの中に、ゴルフの原形ともいえる「パガニカ」があった。

ものの本によると、木の根を丸く削って打ち転がす子供の遊戯風景に目を奪われたローマ兵が、地方から戻って見よう見真似、わが子と庭で戯れたのが始まりともいわれるが、この話には、凡庸《ぼんよう》だけに備わっている静かな説得力が感じられる。

庭ではしゃぎ回る子ら、見守る夫婦、あたりに幸せが充満して、ゴルフの発端として申し分ない光景が目に浮かんでくるのである。

やがて、ゲームは庭から広場へと伝達され、大人が加わることによって急速に競技性を帯びたにちがいない。建築、彫刻をはじめとする精緻な文化を築いた彼らのこと、革の中に羽根を詰めて遠くまで飛ばすボールを考え、打球面に角度をつけることで高さを得るなど朝メシ前の仕事。

ちなみに、彼らの研究熱心を証明するものとして、この時代、早くも36ポーズに及ぶ愛情図鑑まで発行されている。

ところが、さらに1ダースの新種を追加した上、すべてに優雅な和名をつけて密かに愉しんだのがわれら大和民族、上には上がいるものだと、改めてご先祖さまの隠れたる努力に頭の下がる思いがする。

さて、「パガニカ」の広まりは、やがて一人の名人を誕生させて頂点に達する。武将にして詩人、クラウディウス・アルビヌス将軍の登場だ。後世の史家は、

「ヘラクレスに勝る美丈夫にして、ソクラテスの知恵を持った男」

と、彼を称賛している。

将軍は、かなたの目標地点めがけて正確に豪打を放つ。かと思うと、木の根、動物の巣穴、水たまり、石の上、茂みの中、どれほど凶暴なライであろうと巧みにボールを打ち出し、ぴたりと最少打数で目的地に到達してみせた。おそらく彼方《かなた》には、どこからでも見やすい木か柱があって、ぐるりと円が描かれていたのだろう。その円内にボールを入れて1ホールが終了、次なる目標に向かって、再びボールを打ち始める。

興味深いのは、戦士を率いた将軍の足取りである。彼はいったんガラティア（トルコ）に赴任したあと、ベルギカ（ベルギー）を通ってドーバー海峡を渡り、ロンデニウム（ロンドン）に進駐、やがてゲルマニア海（北海）に面した海岸線に港を築くため、ブリタニアを北上して現在のセントアンドリュース近く、フォース湾のふところに陣を張る。エディンバラ、マッセルバラといった「ゴルフの聖地」あたりが彼のいた場所とされる。

スコットランドにローマ軍が駐留したことで、閉ざされていた霧の彼方の風景が、ぼんやりと見えたような気がしてならない。

学者は大胆な仮説を冷笑するが、なに、こちらは徒手空拳の妄想狂、とくにこれからは想像だけの話である。

ご存知のように、われらの熱愛するゲームでは、練習不足ほど不安なものはない。ひとたびこのゲームを始めたならば、上手へたは別として、絶えず「練習せねばならぬ」という強迫観念にも似た思いにせき立てられる。

シングルやプロともなると、1週間クラブを握らないことなど年に数回、あるかなしかの珍事といえる。

比類なきパガニカの名手にも、これと同じことがいえないだろうか。

彼の身辺には、互角に近い勝負をする猛者《もさ》がたくさんいたはずだ。もし、少しでも気を抜いたならば、たちまち足元をすくわれる。そうした危機感はチャンピオンほど強く抱く。ゆえに将軍が寸暇を惜しんで練習に明け暮れたことは間違いないことだろう。

スコットランドの茫洋とした風景の中で、必死にクラブを振る美丈夫と、それを物珍しそうに眺める現地の者たち。

やがてローマ軍は引き揚げるが、しばらくしてロンドンのあたりで「カンブカ」と呼ばれる球戯が流行した。ゲームの方法はパガニカと同じである。戦後、私たちが進駐軍から受けたカルチャーショックと同様、ローマ軍の置き土産が根を降ろしたものだろう。

将軍は、自身まったく気づかないままに「ゴルフ伝道師」の役割を果たしていたのだ。彼の一挙手一投足は詳細に観察され、現地の人がそれを真似て、たちまちゲームのおもしろさに魅了されていっ

たのではなかろうか。

中国にも、元の世祖フビライの時代に書かれた「丸経」という古文書があって、かなり以前から「捶丸《ツイワン》」と呼ばれるゴルフが行われていたことが証明されている。

これとて、将軍がトルコに滞在していた事実を考えれば、シルクロード経由の仮説も成り立つわけである。

あれもこれも、推理ばかりで息苦しい限り。本当は、ローマ人のように暮らすはずが、なんと現実は大違い。シングル・ベッドに水割りを持ち込み、太り肉のいない空閨を歴史の書物で埋めながら、一千年前の手掛かりを求めて、あてどのない旅を続ける。

不意に、ゴルフの夜明け前、闇の彼方から冷気を切り裂く鋭いスウィングの音が、私には聞こえた。立ち込める靄《もや》の中に大男のシルエットが浮かび上がると、見事なまでに完璧なフォームで黙々とクラブを振り続けた。

スキップ・ダニエルズの幸福な生涯

権威あるイギリス議会史上、キャディを比喩に持ち出したのは、ウィンストン・チャーチルをもって空前絶後といえるだろう。1941年の軍事委員会の席上、答弁に立った彼は野党議員をハタとにらみつけ、こう言ったのだ。

「私は断じて、〝キャディの嫌われ者〟ではありませんぞ！」

これはウェールズ地方の古諺で、「自分の失敗を他人のせいにする卑怯者」といった意味がある。もっと具体的に言うならば、1メートルほどの短いパットまで、

「キャディさん、これどっちに曲がるの？」

いちいち聞かなければ打てない甲斐性なしに限って、

「キャディの指示通り打ったのに、入らなかった」

と、たちまち責任転嫁するいやらしさ。ストロークの強弱にも問題がある上に、ボールの曲がる地点にスパイク跡があった場合、曲がらずに押し戻される現象もご存知ないのだ。こうした情ない手合いを指した言葉が〝キャディの嫌われ者〟であって、チャーチルは古諺を持ち出して自分は卑怯者ではないと応酬したのだった。

さて、メアリー女王のように、小姓を身近に置いた特権階級は別として、それまで

の長い歳月、庶民ゴルファーは何本かのクラブをバラのまま自分で持ち歩いた。1770年ごろ、エディンバラ界隈に野宿した浮浪少年グループがキャディとして登場するまで、たとえばダンディの町の工場主でさえ、自らクラブを持ってプレーした絵が残されている。

少年たちに代わって大人のキャディが出現したのは1780年以降。あるいは1800年ごろかも知れない。貧しいスコットランドでは、わずかな現金収入を求めて人々が殺到するのは、そう珍しい話でもない。

史上最初に名を残したキャディは、リースの「ラッグス・ホブソン」である。ラッグスには「ボロの衣服」といった意味もあるので、ホブソンもまた浮浪少年のようにボロをまとった男だったに違いない。彼は、コースで倒れたゴルファーを背負って6キロの道をひた走り、その献身によって危うく一命を救った美談の主として名をとどめている。

次に登場するのが、不敗のプロ、アラン・ロバートソンの父親デイビッドである。セントアンドリュースに作られたキャディ小屋のボス的存在だった彼は、詩人ジョージ・カーネギーの詩集「ゴルフィアーナ」の中で次のように賛美され、後世に名を残した。

「われわれは嵐に立ち向かい、敵をも莞爾《かんじ》として打ち破った。ゲームにおける彼の巧みな駆け引きと貢献は、かのタレイラン（フランスの敏腕外交官）、メッテルニッヒ

（オーストリアの政治家）を彷彿させせり」

ここで初めてカーネギーは、ゲームに臨んで主もなく従もなし、ゴルファーとキャディは一体の存在だと明記したのである。さらに1877年から全英オープンに3連勝したジェミー・アンダーソンが、偉業のあとに自分のキャディを称えて、こう言ったのだ。

「私は裁判所の判事よりも、学校の先生よりも、キャディのウインガムを信じる」

両者の関係は、このあたりで確固たるものに昇華した。いいキャディがいなければ

試合に勝てない、ゲームの隆盛に伴って、名キャディ探しがプロの課題になるが、ジーン・サラゼンの回想録の一節「私が惚れたキャディ」に、なんとも素敵な物語が登場する。

1928年、全英オープンに向かう大西洋上の船中で、サラゼンは過去二度の敗北をウォルター・ヘーゲンに愚痴るのだ。すると、すでに2回も勝っているヘーゲンは、全英のタイトルが欲しけりゃ腕のいいキャディと組まなければ駄目だと助言した上、そこは太っ腹で知られた男、

「おれのキャディを譲ってやるよ。スキップ・ダニエルズといって、サンドウィッチ、ディール、プリンスズの3コースなら、野ネズミの巣穴まで知ってるぜ」

早速、開催コースのサンドウィッチで会ってみると、60歳を過ぎて身なり貧しく、その上スキップの由来か、足が少し不自由だった。ヘーゲンの口添えで、彼はサラゼンのキャディを快諾、そのときから日夜分かたぬ二人三脚が始まった。サラゼンの宿舎に泊まり込んだ彼は、コースのアンジュレーションからラフの性質までをメモにして、その攻め方を根気よく伝授。昼間はスウィングに欠点を発見すると、巧みな表現で改良に手を貸した。

ゲームが開始されて2日目の13番まで、なんとサラゼンは首位にいた。ところが14番のロングホール。ラフから強引にツーオンを狙った彼は、スキップが差し出す5番アイアンを無視、スプーンで強打するが、ボールは20ヤード動いただけ。もう一度ス

キップは5番を出すが、またもやこれを振り払ってスプーンを使う。結局ボールはフェアウェイに出ただけで、このホールは「7」。終わってみると、わずか2打差でヘーゲンに優勝を掠《さら》われたのだった。

「また、やり直しましょう。わしが死ぬまでに、絶対あなたを優勝させますから」

それから4年後の1932年、舞台はプリンスズだったが、サラゼンは途中で組んだ28歳の若いキャディが気に入って、コースで待ち受けるスキップに肩すかしを食わしたのである。4年会わないうちに老人の髪はすっかり白くなり、視力もかなり衰えたように見えた。サラゼンに断られて、彼はショックを受けた様子がありありだった。

ところが練習ラウンドを始めてみると、その若いキャディは平気で距離を読み違える。それをなじると、あんたの打ち方が悪いんだと反論する。開幕を控えて、サラゼンの調子はボロボロになってしまった。見かねたイニス卿が口を利いて、ゲーム開始の2日前、スキップをサラゼンのところに連れてきた。

「わしに詫びなど不要です。それより、今度は勝ってもらいましょう」

初日、2アンダーの「70」。翌日は未明から強風が吹き荒れた。

その薄明りの中を前かがみになりながら、前夜のうちに穿《うが》たれたカップの位置を必死で見て歩く足の不自由な老人の姿があった。

彼はそのとき、ほとんど失明しかけていた。にもかかわらずサラゼンに言わせると、「3ヤードと違わない距離を教えてくれた」のだった。

まさに神がかった本能の成せる業《わざ》だった。スキップはこの4日間を、生涯で最高の日だと語っていた。

2日目「69」、3日目「70」、最終日「74」、トータル「283」で2位のマック・スミスに5打の大差、夢にまで見た全英初優勝の瞬間、サラゼンはスキップのコートの中に潜り込んで泣き続けた。

表彰式に臨んで、サラゼンは自分の分身を同席させて欲しいと委員会に頼むが、前例がないと断られてしまう。別れ際、記念にもらったコートをうれしそうにまとい、孫を乗せた自転車でワルツを踊るように野道を蛇行していったスキップは、それから半年後、居酒屋の片隅で人知れず息を引き取っていた。

例のコートに身を包んで、なんだか彼は、とっても幸せそうだった。

バンカーの中に75年

これは猛獣を捕えるための落とし穴か、それとも兵士が身をひそめるタコ壷だろうか。

直径わずか4・7メートル、垂直の壁面は1・5メートルというから、大人の首までの深さ。見た目には愛らしい大地の「えくぼ《ディンプル》」だが、実際にこの小さな穴に入ってみると、窮屈な地底の壁面が周囲から迫って、ゴルファーの受ける重圧感には想像以上のものがある。クラブヘッドが壁にぶつかりそうな恐怖、ボールがどこに落ちようとも、この狭いバンカーでは必ず壁と至近距離で打たなければならない。新設コースの模造品など論外、これは自然の穿《うが》ったバンカーの中でも、おそらく世界最小のものだろう。

似たようなポットバンカーは、スコッツクレイグやリーベンにも少なくない。遠くを探すまでもなく、セントアンドリュースの中にも無数に点在している。しかし、直径5メートル以下の小さなバンカーとなると、これ一つだけである。

さて、出版社を営むアレック・サザランドがR&Aの会員になったのは、1835年ごろのこと。以来3日と空けずセントアンドリュースに通いつめ、いかに天候が悪かろうともコースに飛び出して行く。

「雨には雨の、風には風のおもしろさがある。わしは微風快晴をよろこぶほど衰弱しておらぬわい」

これが彼の口癖だった。当時のセントアンドリュースには、このサザランドに負けず劣らずのゴルフ狂が他に二人いたらしく、「全天候型の三羽ガラス」と呆れられていた。

オールドコースの15番までくると、ドライバーで打つか、それとも他のクラブで刻むか、いつもながら彼はハタと悩むのだった。ティから200ヤード前方左側に、あのおぞましい小さなバンカーが待ち受けているからだ。奇っ怪なことに、彼がショットを放つと同時に突如変身、にわかに巨大な口を広げてボールを呑み込むや否や、再び口を閉ざしてフェアウェイの片隅に身を隠すのである。

サザランドがフック打ちだったこともあって、「10回のうち12回までが、おもしろいようにこのバンカーの餌食になった」と、同期の会員ロバート・チャンバーは書いている。10回のうち12回というのは、OBや紛失球による打ち直しをからかったものだろう。これはもう因縁か宿命か、まるで定規で計ったようにボールはバンカーの中に呑み込まれていった。

それからが、またひと騒動。聞くところによると彼は閉所恐怖症だったらしく、狭いところでの重圧に一刻も耐えられない性分。バンカーに降りる前から呼吸を荒らげ、冬でも額《ひたい》にベットリ汗をかいて、アドレスもそこそこにクラブを振り回す。ところが、ただでさえ呼吸困難の上に、まだサンドウェッジが発明される前のこと、7番アイアンほどのマッシーニブリックを唯一の拠《よ》りどころにボールを叩くため、ことごとくトップして壁面に重い音を立てるだけ。早く狭い場所から脱出したい思いとは裏腹に、いっぺんバンカーに入ったら最後、滅多なことでは姿を見せなかった。

当時のセントアンドリュースには、不敗のプロ、アラン・ロバートソンが健在だった。サザランドは誰よりもロバートソンを尊敬して、しばしばレッスンを受けたといわれるが、それにしてはお粗末な砂対策。

「と思うのも無理ない話だが、彼は15番の小さなバンカーだけが苦手であって、ほかではあれほどまでに打たなかった」

ロバート・チェンバーは、このように弁護している。1859年に44歳の若さでロバートソンが亡くなったとき、彼の落胆ぶりはクラブ史に残るほどだった。

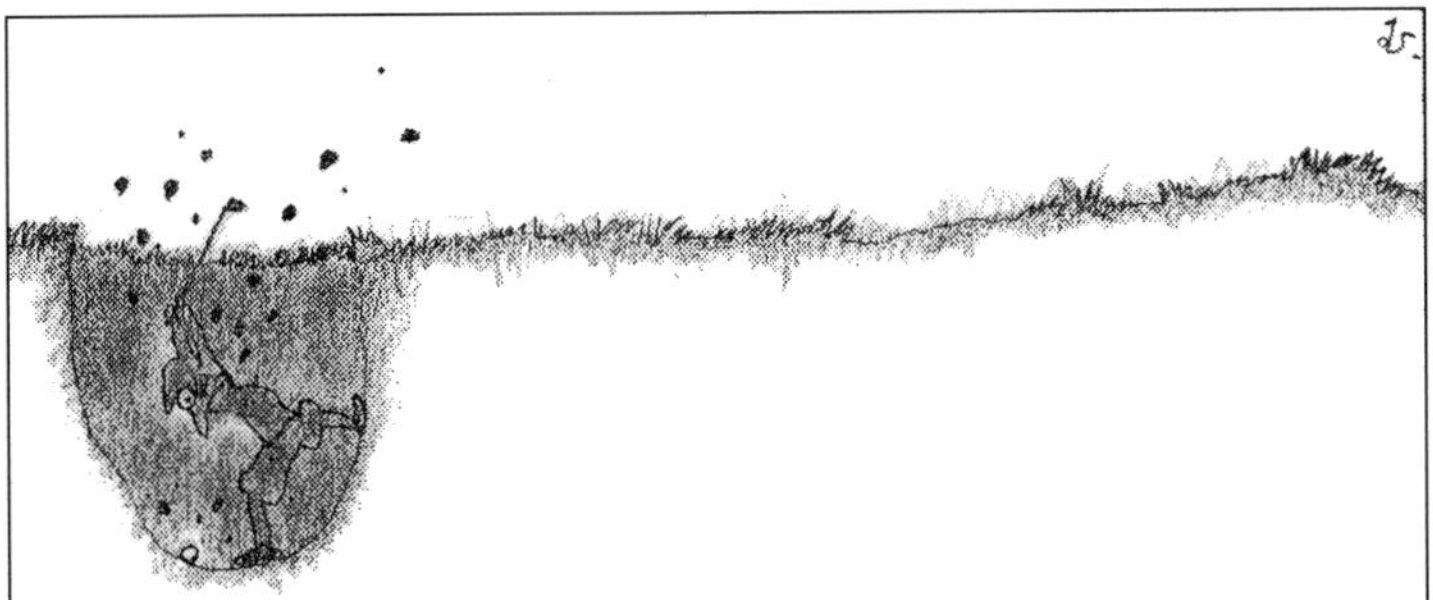

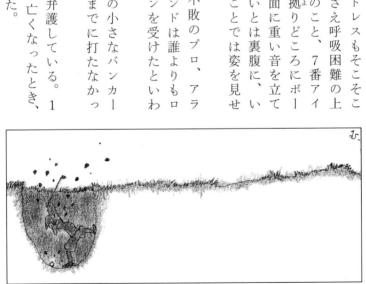

「サザランドは泣きはらした目で大司教を訪ね、セントアンドリュースの巨星が墜ちたのだから、すべての教会の鐘を鳴らせと談じ込んだ。葬送の時、すべてではなかったが、柩《ひつぎ》の通る道すがらの教会では彼の願いに応えたのだった」

このエピソードからも、サザランドという男がどれほどゴルフを愛していたか、よくわかるのである。

15番ホールの小さなバンカーは、彼だけを苦しめたわけではなかった。398ヤードの距離があるホールを攻めるためには、ドライバーでフックをかけて左側に運び、そこから真正面に見えるグリーンに次打を放つのが最良のルートとされた。ところが、ナイスドライブに限って、あの小さなバンカーに必ず捕まってしまうのだ。

「一体あのバンカーは、いつからあそこに陣取っているのだい!?」

会員たちの声に対して、歴史に明るいF・ランプトン教授は、こともなげにこう答えた。

「2万年ほど前からさ」

教授の話によると、太古、島が形成されたのち、波がゆっくりと時間をかけて断崖、絶壁、急斜面を洗い、浸蝕していった。

砕かれた砂と泥に押されて海は後方に退き、砂洲は風の力によって起伏が作られ、リンクスが生まれた。

「セントアンドリュースを作ったのは神様だが、それを手助けしたのは鳥たちさ」

やがて集まった鳥たちは、ここに巣を作り繁殖を始めたが、彼らの落とし物である糞化石《グアノ》と、小川が運んでくる沈泥《シルト》を栄養分に植物が根付くようになった。

教授の説によると、あのバンカーはウサギの巣穴が陥没して出来たものらしく、大昔から牧童たちが風よけに避難して夜を明かしたと伝えられている。

「2万年も前から！」

話を聞いた多くの会員は、にわかに畏敬の念を抱くようになった。

ところが1830年ごろ、よそからやってきた不心得者が、四人がかりの夜なべ作業であのバンカーを埋めてしまったことがある。ところが不思議、朝になってみると、何事もなかったかのように元通りのバンカーが出現していた。この奇跡は「ゴルフの世界」の中で、ピーター・アリスも詳しく紹介している。

「わしの祖先は、おそらく牧童に違いない。15番まで来ると、祖先が素通りするなとわしを呼ぶのだ」

サザランドは、そうつぶやきながらせっせとバンカーに打ち込み、相も変わらず大騒ぎの日々を過ごしていた。

1861年には、ついに14打を費してもボールは上がらず、その日から、このバンカーは「サザランド」と命名されることになった。

「思えば、わしの人生、家庭で過ごすよりも多くの時間を、あのバンカーの中で過ごしてきたものさ」

75歳の誕生日をセントアンドリュースの仲間たちに祝ってもらった席上、彼はこうスピーチした。

「自慢じゃないが、これまでにたった一度だけ、ヤッ！　とひと振りで見事にボールを打ち出したことがある。ところが残念、そのときに限ってわしは一人でプレーしとったのじゃ。しかも、次のショットをグリーンまで運ぶと、長いやつを一発でねじ込んだ。このとき初めて4を記録したというのに、肝心の証人がいない。いまとなっては空前絶後、あの4だけがわしの宝物よ」

直径わずか4・7メートルの「サザランド」は、いまも2万年前と変わらずに、15番ホールの左隅でひっそりと次なるサザランドの出現を待ち構えている。

パインバレー・ノート

フィラデルフィアのホテル経営者、ジョージ・クランプは、本場スコットランドの名コースを2年にわたって丹念に徘徊したあと、1909年からいよいよ腰を据えて土地探しにとりかかった。都会に近くて交通の便がいい場所という概念を、彼は最初から否定していた。

「名画を鑑賞するためなら、人は距離を厭《いと》わず美術館に足を向けるものだ」

ときには猛獣から身を守るため、ライフル片手に森の奥まで分け入り、またあるときは寒風吹きすさぶ渚《なぎさ》を歩き回って理想の地を求め続けた。ニュージャージー州南部の小さな町クレメントンの郊外に、有史以前から海と風によって形成された砂丘があると教えてくれたのは小学校の同級生だった。

「クレメントンで道に迷ってね。南西に伸びる名もない街道を走り続けたら、そりゃもう見事な松林が広がる海岸線に突き当たってしまった。あれほど素晴らしい場所は見たこともない。とにかく、あたり一面全部バンカーだったよ。ウワッハッハ」

友人の哄笑を背に、たちまち車に飛び乗ったクランプは、一路クレメントン目指してアクセルを踏み続けた。

「パインバレーGCを端的に表現するならば、18個のグリーンが点在する巨大な砂の島だ」

と、バーナード・ダーウィンは大叩きしたあとにつぶやいたが、現地に到着したクランプの目に飛び込んだ光景は、まさしく砂と松《パイン》が織りなす大自然のスペクタクルだった。彼は「震えが止まらなかった」と述懐している。

工事は1914年から始められた。事前の地形調査で7足の靴を穿きつぶしたほどの徹底主義は、線引きの段階を迎えて狂気さえ帯びてくる。自然は存在するだけでペナル（科罰）になると考えた彼は、現状の破壊を最小限にとどめながら、しかも各人の技量に応じた攻略ルートをいかに設けるか、図面を相手に呻吟の日夜が続いた。実際、現地に泊まり込んだ彼のテントからもれるランプの灯は未明まで消えることがなかった。

途中、かねてから畏敬するイギリスの名設計家、ハリー・コルトを招請、「二人合わせて数トンの紙を消費した」と、のちにコルトも苦笑まじりに一文を書いたほど作業は偏執的だった。コルトはここの5番、226ヤード、パー3と、アイルランドのロイヤル・ポートラッシュの6番、193ヤード、パー3の見事な出来栄えによって、「ショートホールのミケランジェロ」とさえ呼ばれた男だった。

工事が進むにつれて、クランプに新たな苦悩と憔悴《しょうすい》が加わった。密生する松を伐採しなければコースは作れないが、それにしても未明から夕暮れまで、あたり一帯幹を切断する音と木が倒れる地響きに包まれ、物情騒然たる雰囲気に1羽の鳥さえ近づかない。次々に倒されていく樹木を見て、彼はうめいた。

「私は生き物を殺している」

1番から9番まで、そして18番になる予定地を歩いて切り株の数を勘定した彼は、あまりの恐ろしさに思わず蹲《うずくま》って神に謝罪したという。10ホールだけで切り株は2万2000本に達していた。それ以降、コース創造の意欲が萎《な》えるからと勘定をやめてしまった。ウォバーンのデュークスとダッチェスの両コースが造成された際、約9000本の大木が伐採されて物議をかもしたのは1974年のこと。イギリスで過去にこれほど大量の伐採が行われたコース作りは他に例を見ない。それでも9000本である。10ホールの2万2000本は当時の地元紙の表現を借りるなら「神をも怖れぬ所業」と非難されて当然の話。のちにトミー・アーマーが、

「自然を破壊した事実を正しく認識するならば、ゴルファーはもっと謙虚になるべきだ」

と、静かに語っているが、これほど率直な発言はアーマー以外から聞いた覚えがない。

さて、1917年になって、14ホールがほぼ完璧な姿に整えられた。丸2年間は人間を入れないのだとクランプは言った。

「自然の中に眠らせることで周囲とホールは静謐な時間を共有し、ゆっくりと融合す

るだろう。それでこそいいコースが誕生するというものだ」

いよいよ残り4ホールに向かって全精力を傾けようとした矢先の1918年1月、おびただしい図面の上につっ伏した姿で息絶えているクランプが発見された。心血注いだパインバレーGCが間もなく完成するというのに、心臓発作による無念やるかたない急逝だった。「まれに見る才能」「天才」「偉大なる設計画家」「コース設計の恩人」、パインバレーに足を踏み入れた者は異口同音、ジョージ・クランプの描いた大自然の荘厳にして過酷な絵巻に息をのみ、最大級の賛辞を惜しまなかった。ロバート・トレント・ジョーンズは、クランプの才能に嫉妬を感じるとつぶやき、自分が設計したスパイグラスヒルと、ポルトガルのトロ

イアGCに、「パインバレーのエキス」を拝借したと告白している。

彼の死後、急遽メリオンの設計者ヒュー・ウィルソンと弟のアレンが呼ばれた。兄弟もまたクランプの天才的な仕事ぶりに驚嘆して、死の直前に書き入れたと見られる線を尊重しながら、ようやく1919年に18ホールのすべてが完成、遺言によってコースは静かに熟成されたあと、1922年からプレーが許された。全長6765ヤード、パー70。もし距離だけを問うなら、さしたることはない。ところがティグラウンドに立ってみると、

「ここはまさにゴルファーの試験会場なのだ。卓抜した試練の場にあって、飛距離など何の役に立とうか。正確無比に〝決められた場所〟までティショットを運び、次打はどうあれグリーンをとらえる以外、逃げる場所などネコの額《ひたい》ほどもありはしない」

（バーナード・ダーウィン）

コースの攻略法を、ボビー・ジョーンズは「島から島へ」と表現したが、これこそクランプの意図を見事端的にいい当てている。もし粗野なショットを放ったならば普通ラフに入る程度だが、ここのラフは乾き切った塩の湖《ソルト・レイク》の表面さながら、凝固した砂地に木の根、ヒース、いばら科の這い草、ペンペン草、動物の巣穴など原始そのまま。しかも熊手の使用を禁止しているので、人の足跡、自然の凹凸が入りまじる無垢の荒廃が茫々と広がったその先に、松を主役とした密生林が待ち受ける。

パインバレーに「面」は存在しない、狙うのは「点」だけだとジーン・リトラーは

言ったが、例えば首のまわりに砂のマフラーを巻きつけた感じの5番、226ヤード、パー3のティグラウンドに立ったときなど、あまりにグリーンが小さくて、ゴルファーは泣きだしたいほどの孤独と闘わなければならない。このコースはゴルフにおける憲法、正確さを求めて頑と譲らないのだ。だからこそ世界の名コース100選の第1位に君臨し続けている。

完成目前にして仆《たお》れたクランプの無念は察して余りあるが、天才の作品に対する賛辞に代えて、ここに一つのエピソードを贈るとしよう。

会員のJ・プラットは「3・2・1・3」の信じ難き好スタートを切った。4番を終わらせた彼は、近くのクラブハウスに飛び込んで仲間にスコアを報告すると、バーに腰を降ろして酔いつぶれてしまった。そう、5番以降で歴史的ラウンドが台無しになるのを恐れたのだ。

頑固者の、しのび笑い

皆から「ウィリー」と呼ばれたセントアンドリュースのプロ、ウィリアム・オークターローニーの若かりし頃の写真が、R&Aのクラブハウス内に飾られている。1893年、プレストウィックで行われた全英オープンに優勝、セントアンドリュースに凱旋して17番「ロードホール」の横で記念撮影したものだといわれるから、写真のウィリーは弱冠21歳になったばかり。いかにも昂然と見えるが、どことなく青年特有の脆《もろ》さも漂って初々しい限りである。

ところが、さらに近寄って彼の表情に視線を凝《こ》らしてみると、人の性格は生涯変わらないのたとえ通り、口元、あごの構え、目の据わり方に頑固一徹の気配が早くも滲み出ているのではないか。彼と同時代に活躍したアンドルー・カーカルディによると、

「世間では、ジョン・ヘンリー・テイラーを頑固者のように言うが、ウィリーに比べたら彼など駄々っ子、比較にならない。こうと決めたらテコでも動かず、曖昧な人間、いい加減な物事に対して一歩たりとも妥協せず、古代スコットランド人そのまま、石の脳味噌が洋服を着ていると思って間違いなしの男、それがウィリーだ」

と、折り紙をつけている。

写真の彼は、全英オープンに持参した7本のクラブを持って立つが、実はこのときキャディを使わず、自分で運びながらの優勝だった。

「ゴルフは個人のゲーム、すべての責任は自分ひとりに帰するのが原則だ。私は普通5本しかクラブを使わないのでキャディは不用、相談相手も必要としない」

事実、彼は5本のクラブで難攻不落のプレストウィックを制しているが、最もロフトのあるクラブでも現在の7番アイアン程度、これで深いバンカーからピタピタ寄せたのだから、その技術たるや目もくらむばかりである。使われなかった2本のクラブは、1本が雨天でぬかるんだときのためのアイアン、もう1本はシャフトが折れた場合に備えて、予備のドライバーを持参していた。当時のウッドン（木製）クラブのシャフトには、アッシュ、カシ、レモン、オレンジ、ヒッコリーといったしなやかな木材が使われていた。しかし一長一短、折れやすいために、用心深いジェームズ・ブレードなどは試合ともなると予備のクラブを10本以上も持ち込んだものである。

さて、ウィリーは1935年から亡くなる1963年まで、R＆Aのプロをつとめ、1950年にはR＆Aの名誉会員にも推されているが、いかに誘われようとも生涯スコットランドの地から外に出ようとしなかった。

ゴルフの新天地アメリカに移住する者、全米オープンをはじめツアーに参加する者があとを絶たない環境の中にあって、彼ひとり、頑としてセントアンドリュースから動かない。

「なぜ遠征しないのか?」

たずねられて、

「人がくるから」

と答えている。ところがさっぱり訪問客のあった気配もない。そこでさらに詰問してみると、次のような答えが返ってきた。

「悩みを持ったゴルファーが、いつ私を訪ねてくるか分からない。医者がいなかったら患者が困るだろうて」

人一倍、責任感が強い男だった。

頑固とわがままは紙一重、その違いは良識にもとづいた筋道を通すかどうかにある。トルーンで行われたマッチで、彼は役員があきれるほどの頑固ぶりを披露した。

おそらく子供の仕業だろうか、7番ホールのカップが持ち去られて、そのあとに旗竿だけが立てられていた。グリーンまでやってきた彼は、それを見るなりパッティングを拒否したのだ。

「カップの底に沈めて、はじめてホールアウトが成立するとルールに書かれている。あれは泥の穴ボコであってカップではない」

そう言って、直ちに金属カップを取り寄せるように要求すると、ラフに座り込んでしまった。さらに役員の心ない発言が彼を逆上させた。

「ジ・オープンのファイナルを戦ってるわけじゃなし、私が許可するからゲームを進めてくれないか」

するとウィリー、赤鬼のように怒った。

「ゲームに優劣をつけるとは、何たる破廉恥！　ジ・オープンでなければ、ルールを無視してかまわんというのか。ゴルフに試合用、遊び用など、聞くのも汚らわしい！」

結局、クラブハウスからカップを運んできて一件落着、あとになってウィリーの解釈が正しいとR&Aのルール委員会がコメントを発表したとき、多くのゴルファーはまたひとつゲームの精神を学んだのだった。

スウィングに関しても、彼は優柔不断な態度を容赦しなかった。新しい理論を聞くたびに右往左往、たちまち従来のものを捨てて飛びつくゴルファーを指し、「意志のない羊」と呼んだ。

「流行を追うように新しいスウィングを求め続ける限り、その人のゴルフはものにならないだろう。なぜ、いまのゴルフを信じて、それを根気よくマスターしないのか。蜜を求めるのはあとのこと、まず飛ぶことから始めなさい」

どのクラブであれ、ハーフショット、スリークォーターショット、フルショット、この3種類をマスターするのがゴルファーの課題だというのが彼の信条、とくにハーフショットができれば一人前だと言った。事実、ウィリーに手ほどきを受けた者は、1本のクラブで多彩なショットをやってのけ、そのうちの何人かは優秀な選手に育っている。

レッスン中も一切妥協せず、頑固なまでに基本だけを叩きこんで、それができるまで片時もそばを離れなかった。

やがて、弟のローレンスとクラブの製造会社、L&W. Auchterlonieを設立、成功を収めたが、仕事中もプレー中も冗談を受けつけず、1907年に全英オープンを制した最初の外国人、フランス系のバスク人プロ、アルノー・マッシーの傑出したジョークに、当時の三巨頭、バードン、テイラー、ブレード、それにテッド・レイまでが芝の上を転げ回って笑ったときも、ウィリーだけ思案に暮れる哲学者のように苦虫を噛みつぶしていた。

ところで、もしスコットランドを旅することがあったら、少々気味が悪くとも墓地に足を運んで耳を澄ませてみることだ。かすかに地底から、まるで煙りが滲み出るように、

「ウフフ」

「イヒヒ」

「アッハッハ！」

と、笑い声が聞こえるはずである。

謹厳実直を人生のモットーに据えるスコットランドの男衆、生前耳にしたジョークの意味を理解するのにかなりの時間が必要らしく、墓に入ってしばし反芻《はんすう》、ようやくのこと、

「そうかッ！」

と、遅ればせながら気がついて、棺の中で笑い始めるらしいのだ。これがスコットランド気質であって、男はヘラヘラしないものだ。

翻《ひるがえ》って周囲を見回すと、近ごろ妙にものわかりのいい男が多くて不気味この上ない。

いまわの際《きわ》の愛しきゴルフ

1925年、次々に挑みかかる強豪を腕まくり姿で迎え撃ち、連続9ラウンドの過酷なマッチプレーのすべてに勝って全英アマチュアのチャンピオンに輝いたロバート・ハリスも、晩年は病いに勝てず重篤の床に伏していた。

と、不意に息を大きく吸い込み、何事か叫びそうな気配を見せた。急いで近くの者が耳を寄せたところ、荒い呼吸で押し出すように、

「フォアーッ」

と言った。臨終の直前、末期《まつご》にそう叫んだというのだ。この世のギャラリーに向って惜別のショットを放ったのか、それとも「せっかち屋」と呼ばれた彼のこと、早くもあの世に名刺がわりの一発を打ち込んだのか、いずれにせよ、ゴルファーとして「フォアーッ」にまさる辞世の句はちょっと思いつかないほど秀逸である。いまわの際、ハリスの脳裏にゴルフが去来していたことだけは間違いない。

1975年4月30日、勇猛なる北ベトナム軍はサイゴン（現ホーチミン市）に突入、南ベトナム大統領府を占拠する。その瞬間、地球上から一つの国家が消滅した。ソ連、東西ドイツ、チェコスロバキア、思えば20世紀は国家変動の時代でもあっ

た。

ドン・バンミン大統領は潔く投降し、ホーチミン・サンダルをはいた北ベトナム軍の兵士たちは邸内に潜む残留兵を求めて、まず大統領執務室のドアを手荒く開けた。そこで発見したおどろきの第一は、テーブルの上に豪華に並べられたフランス料理の正餐の皿々だった。泥と血の森から這い出てきた彼らは言葉を失い、戸惑って、破壊する意欲が萎えた証しにうすら笑いを浮かべて立ちすくみ、ようやく白ワインの入ったグラスを一つだけ割ってみせた。ぬかるみに犯されて芯から異臭が滲み出る自分たちと、きらびやかなフランス料理の対照は、残酷、あまりにみじめすぎて虚脱を誘うだけの滑稽劇に成り果てたようだ。

次に大統領寝室のクローゼットを開けたとき、もう一つのおどろきがあった。そこにはアメリカのM社の名前が大きく入ったキャディバッグにびっしりとフルセットのクラブが並び、鈍く輝いていた。さらにパターが1本だけ壁に立て掛けられて、いつでも即座に練習ができるように数個のボールも転がっていた。

彼は以前、シャモニーのゴルフ場でこのゲームの虜《とりこ》になったと告白している。ゴ・ジンジエム、グエン・カオキが事態をさらに混乱させたあとの収拾の切り札として、ドン・バンミンは敗戦処理を覚悟の登板だった。しかし、そうはいっても南ベトナム大統領の責任は決して軽いものではない。戦火は刻々とサイゴン市に迫り、陥落するのは時間の問題と誰もが息を詰めるいまわの際、彼は万年雪が頭上に凛と輝く華麗なるシャモニーのコースを脳裏に描きながら、ひとり静かに寝室の絨毯の上でボールを転がしたのだろうか。残された人生の中で、もう二度と緑したたるフェアウェイを歩くこともあるまいと心中深く悲しみながら、コツン、コツンと乾いた音の余韻に浸ったのだろうか。

1944年（昭和19年）8月4日、それまで東條英機と意見が合わず、満ソ国境の辺地防衛に追いやられていた山下奉文大将が、突如としてフィリピンの第14方面軍司令官に着任、それまで司令官だった黒田重徳中将は即日更迭された。その理由は、黒田中将が欧州駐在武官の時代に習い覚えたゴルフにうつつを抜かし、肝心の防衛準備に怠慢が見られるというものだった。

およそ帝国陸海軍史にあって、更迭の理由がゴルフとは前代未聞、この一事が引き金となって山下将軍はやがて刑場の露と消え、黒田中将は第一線から離れ1964年に病死している。

それにしても、戦時下にゴルフ三昧が許されるほど余裕があったとは初耳、当時のフィリピン事情に詳しい元軍人がどこかにいないものかと探し回ったところ、大阪の「藤松」会長、松林高さんから意外な話を聞くことができた。松林さんは戦後の関西ゴルフ界復興に寄与されたお方、食うや食わずのプロたちの窮状を見かねて、ラウンドに呼んでは白いご飯を腹一杯ふる舞い、なにくれとなく世話を焼いたことでも知られる。古参プロの多くが異口同音に「いのちの恩人」と呼ぶのである。

昭和17年のこと、召集を受けた松林さんはフィリピンに出征、やがて参謀本部に配属される。

「ところが命令を聴いてびっくり仰天、にわかに信じられなかった」

当時は「狂」のつくゴルフ好きで知られるラウレル大統領の時代、傍目にも時局多難のはずが、ひまさえあればワクワクGCに飛んでいってしまう。その大統領をひそかに暗殺しようとつけ狙っていたのが、当時のゲリラの頭目でのちのマルコス大統領だった。狙撃するのにゴルフ場は絶好の舞台、そこで警護のために青年将校の松林さんが起用されたのだ。

「警戒を怠らなければ一緒にプレーしてもよろしいといわれて、さあ大変。英語とスペイン語のレッスン書で猛勉強。コースでは、自分の番になると軍刀を芝の上に置いて、それからアドレスしたものでした」

電話でお話をうかがっただけだが、戦後のゴルフ史を知る上で氏の存在と抜群の記憶力は欠かせないものと理解、近くお目にかかってティショットの快音が焼け野原にこだまするまでのドラマを拝聴したいと思っている。その松林さんの話によると、「黒田中将のフィリピン赴任と自分の内地帰還の時期が重なったため、中将がどの程度ゴルフ狂いをしたのか存じ上げない。ただ、マニラで帰還船の到着を待っていた2、3カ月間、耳に入ってくる風評は芳しいものではなかった。市中にキャバレーや高級クラブを作って出没するなど、遊びが激しかったようだ」

当時の陸軍にあって、中将は珍しくも文人的軍人だったと推測される。松林さんが贈ってくださった「第14軍々司令官、黒田中将第16師団巡視記念」の写真を見ると、16師団長の大場四平中将、河添参謀長に挟まれて立つ「最前線のゴルファー」は、やや小柄で気さくな印象を与えるが、目元には聡明と皮肉が宿る輝きはあっても怠惰の影はない。いずれ死ぬ身と承知の上で、1ホールでも多く歩いておきたいと願ったのだろうか。

更迭された軍人は、必要最小限の身の回り品だけ持って立ち去るというから、ゴルフクラブは物置きの片隅に運ばれたはずだ。クラブを手放すいまわの際、そのときの心境についてはガンのために入院を余儀なくされたベーブ・ザハリアスが愛用のキャディバッグを抱きしめて、

「身近にクラブがないなんて、手足をもがれた人生と同じこと。私にはとても耐えられない」

と泣き叫んだように、黒田中将もまた自分の中で一つの人生が終わりを迎えた悲痛と直面したにちがいない。

それでもなお、あっ気ないほど短い泡沫《うたかた》の歳月の中でゴルフとめぐり逢えた者は幸せである。この素晴らしいゲームに魅せられたことで、とりあえず冬の陽溜りを盗む蝿のように寂しい時間を持て余すこともなかったのだから。

見て盗み、真似るのが極意

「お金を借してください」

「何に使うんだ？」

「イングランドに行って、ハリー・バードン、ジョン・ヘンリー・テイラー、ジェームズ・ブレードたちのスウィングを勉強します」

生活に困ることはなかったが、実直な勤め人の父親に余分な金銭があるとも思えない。案の定、窓の外を眺めて腕組みしたまま沈黙の姿勢だった。トミー・アーマーは、しばらく父親の背中を見つめ立ちすくんでいた。

「親を困らせるつもりはなかった。しかし、父は明らかに困惑している様子だった。私は自分が愚かなことを口走った後悔に居たたまれず、ごめんなさい、パパと呟き、2階の自室にそっと引き揚げた」

のちのアーマーは大ベストセラーとなった「ベストゴルフ」を著わしているが、その続編ともいえる「How to Think and Swing」の中で、次のように書いている。

「ベッドに身を投げ、夕焼けの残光に淡く染まる天井をぼんやり眺めているとき、遠慮深いノックの音が聞こえた。私はいまでもひめやかなノックの音を鮮明に思い出す。そのたびに涙がこぼれそうになる」

おずおずと入ってきた父親は、手にはスコットランド地方で「スポーラン」と呼ばれる革製のポシェットを持っていた。

「気をつけて行きなさい。しっかり見てくるんだよ。それからイングランドの友人に宛てた紹介状を入れておいたから、困ったときには訪ねるといい。とても親切な人だ」

アーマーはびっくりしてスポーランの中をのぞいてみる。そこには見たこともない金額が入っていた。

「どうしたの？　このお金」

「なに、家を直そうと思って少しずつ貯めていたのさ」

部屋から出て行こうとした父親が、ふり返って言った。

「向こうに着いたら、連中のゴルフがどんな具合か手紙で知らせてくれないか。それからナマ水を飲んではいけないよ」

翻って、ふとわが身の日常を考えたとき、この日アーマー氏が見せた「父親の決断」の潔《いさぎよ》さほど教訓に満ちたものはない。

彼は日ごろから立派な大人になりたければ真剣に勉強しろと言い続けた。

「学ぶことが人としての第一歩だ。勉強しない人間は結局のところ屁理屈しか並べられず、社会から尊敬されることがない」

「正しい挨拶を覚えなさい。挨拶は人格の基本となるもの、きちんと挨拶するから人間は動物ではなくて人間なのだ」

　のちに万人を魅了したアーマーの率直で柔和な人柄は、まさしく厳格な躾けの賜物、本人も「私は父の手造りです」と冗談めかしく言っていたが、徹底したスパルタ教育の中で成長、のちに一時代を築き上げる人物になった。

　1895年9月24日、スコットランドの首都エディンバラで生まれた彼は、6歳のときからゴルフに熱中、「天才」の呼び声が高かった。

「私の父に言わせると、性格の曲がった人ほどボールも曲がる。なぜならば、正しいスウィングを根気よく習得するための努力を怠った人間だから、と」

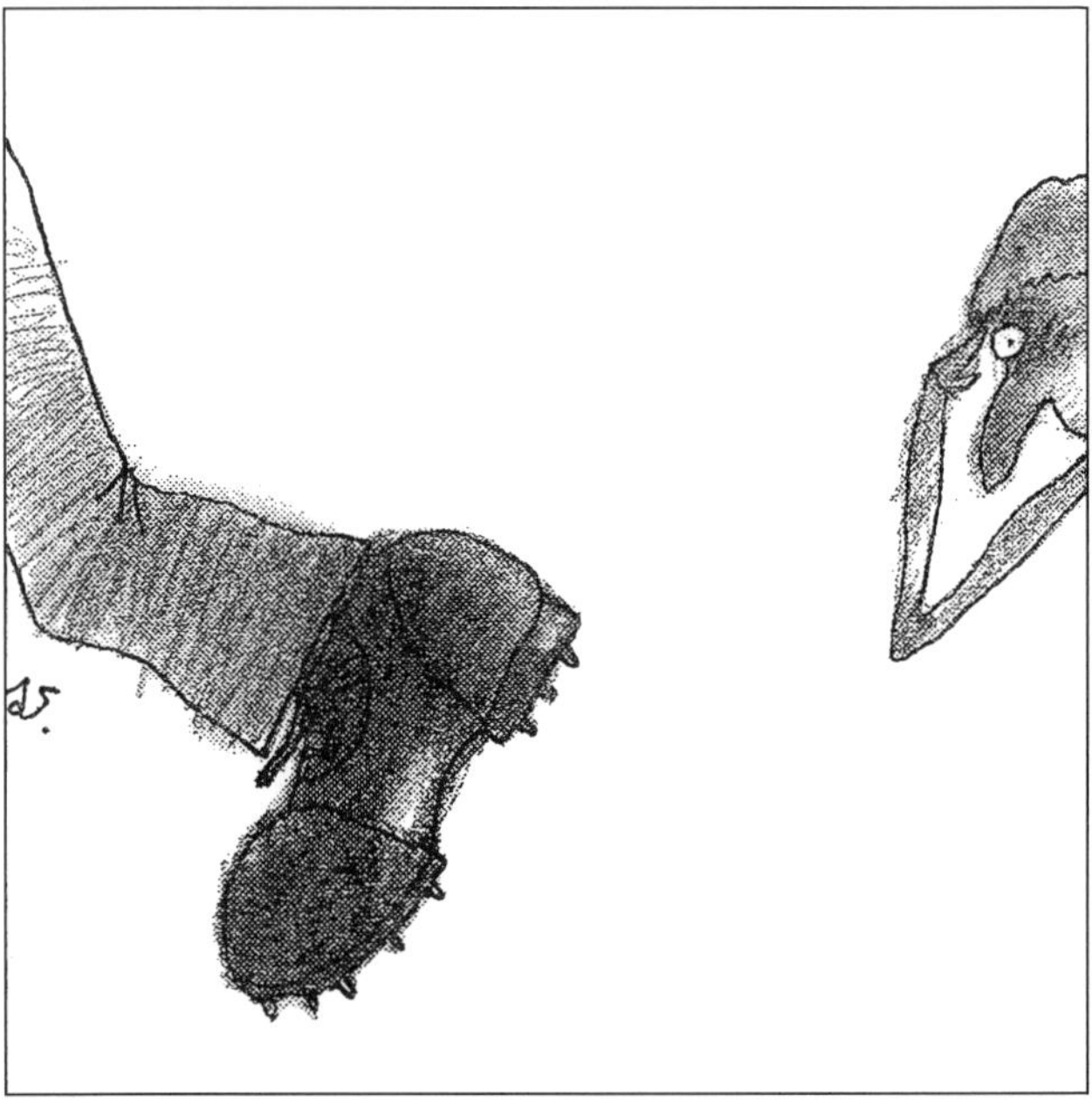

高校時代には、18回の公式戦に17勝1分けの成績を残す。その引き分けも日没が原因だったというから強さは抜群だった。高校生のある日、エディンバラにハリー・バードンがやってくる。

模範試合の相手はプロのトム・ウィティカーだった。バードンはゆったりしたスウィングから力強くも正確なショットをくり出して、まったく相手を寄せつけなかった。

終日バードンの一挙手一投足に魅せられたアーマー少年は、その晩、興奮しながらしゃべりまくった。

「バードンのスウィングは、叩く力よりクラブを引く力のほうが強いんだ。叩きっ放しでは駄目、叩く力と同じだけ左でも引っ張る、それがきょうわかったぞ！　ぼくは一生涯かけてスウィングの勉強がしたい。どうしたら真っすぐに遠くまで飛ぶのか、その秘密を解明したい」

数日後、新聞は「ゴルフ三巨人」が夏のあいだイングランドでいくつかのマッチを行うと報じた。アーマーが借金を申し込んだのは、その夕刻のことだった。

思えば当節、父親が決断を求められる事態はマレである。ほとんどの場合、母親が介入した末の事後承諾によって曖昧にことは推移する。父親は連座しても主役ではない。ところがアーマーの父は日常の挨拶まで厳格に躾けながら、わが子の人生の岐路をしっかり見きわめて、その夢の実現に持てるすべての財産を提供したのだ。普通の場合、親はあれこれ注文をつけたがるものだが、彼の父は押しつけがましく恩を売るでもなく、尊大な説教をたれたわけでもない。ただ、できたら手紙をくれと微笑しながら静かにドアを閉めただけである。本当の潔さとは、こういうものだろう。父親は多くを語らないのが凛々しいのである。

イングランドに向かった少年は、三巨人のゲームに密着、目を皿のようにしながら名手たちのスウィングを観察する。

アドレスの形をすっかり記憶するだけでも5日を要したそうだ。テークバックでは、どこが最初に始動するのか、トップで右腰と右腕は均等に回転するのかしないのか、見たままをノートに記して、それをあとで整理したところ、14冊にも達したという。

まだマスターズが創設される以前、彼はグランドスラムを達成しているが、その流麗なスウィングの基本となったのが14冊のノートである。

「私はゴルフを〝見て〟覚えた。多くのゴルファーは自ら振ることばかりに熱中して、優れた人のスウィングを深く観察しないものだ。実に惜しいと思う。見ることによって、まずタイミングが吸収できる。見ながら自分も頭の中で同時にスウィングを行うと、いつしか名人と同じタイミングがとれるようになる。少年時代、私は、ひと夏をかけて三巨人のゴルフを見て歩いた結果、テークバックからトップ、そしてダウンスウィングに至るまで、使われるのは左腕だけ、ところがインパクトでは右腕でしっかりボールを叩いている、そのことを〝見て〟学んだんだ」

のちにアーマーは、アメリカに渡る船中で全英帰りのウォルター・ヘーゲンと会って、とりあえず就職先にトニー・ペナを紹介される。ペナの指導もあって、いわゆる〝アーマースタイル〟と呼ばれるウッドの名器作りにも成功するが、彼の真骨頂はなんといってもスウィングの解明とレッスンの巧みさにあった。

ボビー・ジョーンズもベーブ・ザハリアスも、球史に残る当時の選手は一人の例外もなくアーマーの指導を受けている。それもこれも、あの夕刻の父親の決断から始まったことである。

長い旅から戻って、瞳を輝かせながら憧れの選手たちの勇姿を語り続ける息子に、「父はとても満足そうだった。パイプをくわえながら話に聞き入り、それから、〝お前は本当にゴルフが好きだね〟と笑った。子供にとって、父親の理解ほど有頂天になれるものはないと私は思った」

スコアメークの方程式

例えば、休みなく声をかけ合って仲間の位置を確認するカラス、光り物にたちまち反応するサカナ、自分の匂いをつけて歩くイヌなど、動物の動きには本能によって定められた顕著な傾向が現れる。これぞ動物や種族を特徴づける「習性」というやつだ。

ゴルファーもまた、いくつかの習性によって形成され、例外はあり得ない。基本的には台風が接近中だというのに雲の切れ間を見つけて、

「よし、明るくなってきたぞ！」

と叫ぶ楽天主義者の群れだが、個々には多くの不安と悩みを抱えたウツ病も少なくない。もし規則によって9ホールに1回だけ愚痴と言い訳が許されるならば、この権利を放棄する者はいないだろう。

習性の中でも、とりわけ色濃いのが「前進本能」と呼ばれるシロモノである。ティマークぎりぎりにボールを置くかと思えば、針の穴ほどのチャンスに賭けて林の中から無理をする。本人の技量では横に出すしかない谷底バンカーでも、ひたすら壁に向かって打ち続ける。果てはグリーン上、ボールを突っつくようにしてマークを置く

と、次にマークの数センチ前方にボールをセットする。ここで稼いだ2、3センチがモノを言って次のパットが約束されるなら、そりゃまあ私だって小さな数字が好きな人間、次回から手品に挑戦するかも知れないが、実は10センチ前進しようともカップインの保証など存在しないのがゴルフ、いじましい真似はしないに限る。

さて、習性は本能に根ざすものだけに、日ごろの紳士もクラブを持つと「いけいけオジさん」に大変身、川越え池越え林越えに挑戦してはばからないものだが、35年間も世界の一流選手の試合を見て来たパット・ワード・トーマスによると、

「ゴルフとは、1ミリでもいいから目標に接近したい欲が相手の葛藤ゲーム」

と定義した上で、

「いかに刻むか、前進本能を巧みに制御した者だけが勝ち残る。果敢に攻めることも必要だが、同時に制御の方法も学ぶべきだ。強引な挑戦の成功率は5パーセント、これが私の得た数字である」

と、「マンチェスター・ガーディアン」のコラムに書いている。成功率5パーセントが冒険の数字とは何とも残酷。正確さをゲームの身上とするゴルフにあって、これは挑戦の無意味を示唆するように思えるが、トーマスによると、

「刻むか、攻めるか、その判断を下す際には方程式に従うべきだろう」

という。例えばツーオンを狙う場合、2打目に使用するクラブで万が一ミスが出たとする。スライスになるか、フックになるか、日ごろから承知しているはずだから、

曲がる方向のレイアウトだけ事前にチェックするのが第1条。曲がる方向に存在してはいけない順に、谷底、ウォーターハザード、林、バンカー、ラフだという。

「この順位は、およそ70人のトッププロが異口同音、間違いないと太鼓判を押したものである。つまり、谷と水が存在して、かつ好調とはいえない状態にあるならば、名選手といえども刻むことを考える」

その場合も、未練たらしく刻んではならない。例えばホールの途中に川が横切っている。手前の川岸まで200ヤードと聞いた瞬間、ゴルファーの九割は180ヤードのショットを考えるものらしい。ここでも許容範囲ぎりぎりの前進本能が働くのだ。危険は犯したくないが、可能な限りピンに近づきたいと。

「危険な距離から一割引く、これがゴルファーの習性というもの。二割を考える人は絶無だろう。しかし低く打ちすぎたボールは苦もなく20ヤードを転がり、高く打ちすぎたボールは風に乗って苦もなく20ヤード以上運ばれる。さらに海沿いのコースでは、しばしば岩にボールが命中することもある」

わが国でいえば、カート道が岩に該当するケースもありそうだ。トーマスは、大胆に二割ほど刻めと忠告する。二割とは！

「200ヤードが境界線ならば、160ヤードが安全地帯と信じることだ。名選手は押しなべてそのように考える。例えば1896年のミュアフィールドにおけるハリー・バードンの選択こそ、ゴルフ戦略の基礎、最高のお手本というべきだろう」

このように書いている。「刻む」というテーマが論じられるとき、必ず引き合いに出されるのが1896年の全英オープン。試合はイングランド出身のプロ、ジョン・ヘンリー・テイラーの3連勝成るか、それともスコットランド勢がこれを阻止するか、国中が湧きに湧いて賭け屋が大忙し、前代未聞の賭け金が動いたといわれる。

6月7日、ゲームは参加64選手によってスタートした。比較的早い組で回ったテイラーは、ホールアウトしてくる有力選手を待ち受けたが、なぜか全員スコアが伸びな

い。彼の回顧録によると、

「私もパッとしなかったが、他の選手はさらに悪かった。どうやら3連勝は間違いないと思って肩の力を抜いたとき、観客の会話が耳に飛び込んできた。遅い組でスタートした新人のハリー・バードンが、まるで獲物を追いつめるグレイハウンド（猟犬）のように、じりじりと私に迫っているというのだ。クラブハウスにいた私は、彼のプレーが気になって18番のグリーン近くまで行ってみることにした」

このときテイラーが25歳、バードンは24歳だったが、デビューの遅いバードンは無名の新人に等しく、彼に同伴する観客は10人に満たなかったといわれる。

さて、今度はバードンの回顧録から、このときの状況を拾い出してみると、

「18番は427ヤード、私のドライバーとブラッシーなら2打で届くホールだった。思いきりよく打ったドライバーは絶好の位置にあり、ここは狙いたいところだった。しかし、グリーン手前のバンカーは傾斜がきつい上に、旗の位置を考えると寄せるのは至難、バンカーに入れた瞬間、タイに並ぶチャンスは永遠に消えると思われた。誘惑を断つのは勇気のいることだが、タイなら勝つチャンスが五割と考えて、間違ってもバンカーにだけは入らないクラブで刻むことにした」

テイラーの回顧録ではこうだ。

「どうするか、私は息を殺してバードンを見守った。噂によると冷静で理知的な男だというが、ここで勝負をかけてくるなら恐るるに足らぬとも思っていた。なぜなら

ば、ブラッシーで目一杯振ったボールが小さなグリーンに着陸する可能性はゼロに近いからである。ところが思案の末に彼は短いアイアンを抜いたのだ」

刻むなら大胆に刻む、この潔さを目の当たりにしたテイラーの中に、小さな戦慄が走った。自分ではとてもあそこまで短いアイアンが持てないと悟ってのこと、相手の戦略に不気味なまでの自信を感じたのだ。案の定、タイに並ばれたあとのプレーオフでは終始バードンが威圧、4打の差をもって新人がチャンピオンに輝いた。

さて、どっちにするのか優柔不断、はっきり決めない中途半端、なるようになれと自暴自棄、つくづくゴルフは人生の疑似体験《シミュレーション》。やるのかやらないのか、いつまでもグズグズしてないで、さっさとクラブを決めなさい。

西暦１４２８年の「ゴルフ場殺人事件」

散々悪い男にダマされた女と同じ、資料漁りを続けていると妙に用心深くなる。まさかの年代に遭遇したときなど、ショックを味わう前にまず疑ってみるのも哀しい習性、一種の職業病だろうか。

その日も、蓄積された膨大な知性が歳月のカビに侵食されつつある大英図書館の片隅に座って、アンドルー・ラング（１８８４〜１９１２）のゴルフに関する書物をめくっていた。と、不意に信じられない数字が目に飛び込んできた。

「１４２８年」

一瞬、わがメガネを疑ってページに顔を寄せると、ためつすがめつ数字を睨《にら》みつけた末に、あるいは改竄《かいざん》の痕跡でもありはしまいかと携帯用のルーペまで持ち出してみたが、セピア色のほこり臭い原著は、１８９２年にロンドンで印刷された当時の気品を漂わせて疑問の余地もない。

「１４２８年とは……」

やはり、これは大発見というべきだろう。ゴルフに関する最古の文献としては、１４５７年３月６日、ゲームに熱中するあまり武技訓練を怠る風潮に歯止めをかけるべく、スコットランド議会が発した「ゴルフ禁止令」がとみに有名だ。それ以前のことは記録にないので憶測の世界になる。ところが、最古の文献より29年も前の出来事をラングは詳細に書いているのだから、正直、動悸が止まらなかった。しかも、場所、日時、登場人物から顚末まで、いかにも緻密な資料収集家として知られた彼らしく、整然と紹介して余分なコメントを加えないのも真実味を感じさせる。

さて、ラングの著書「A Monkof Fife」によると、1428年10月14日、セントアンドリュースの荒涼たるリンクスの上で、いましも三人の男が賭けゴルフに熱中していた。トム・メルビルは他の二人より背も大きく、頭抜けた腕力を誇っていた。ノーマン・レスリーは短気だが、ゴルフはかなりの腕前だった。もう一人のリチャード・ディッケンは、ゲームに参加はしていたものの事件とは無関係である。

ゲームも中盤にさしかかった。メルビルは旗色が悪かったらしく、しきりにイラついていた。当時の決まりによると、自分のパッティングライン上に相手のボールがある場合、ロフトのついたクラブでその上を飛び越していくか、さもなくば迂回するしか方法がなかった。6インチ以内であればマークが可能になったのは1735年以降のこと、グリーン上で自在にマークが許されたのは、ゴルフがアメリカに渡って20年ほど経過した1907年からの話である。

と、メルビルのライン上に、遠くのバンカーから打ったレスリーのボールが割り込んできた。形勢の悪いメルビルは、それを見て逆上、

「わざとやったな！」

と、叫んだ。レスリーは取り合わず、

「ゲームは時の運、わざとやったわけではない」

冷静に答えて、自分のボールに近寄った。その彼を上から威圧するように、メルビルが吠え立てた。

「お前はイカサマの嘘つき野郎だ！」

「なんだって!?」

「いいか、何度でも言ってやるからよく聞けよ。お前は嘘つきだ」

レスリーは、相手の目をじっと睨みつけながら

低い声で言った。

「誰からも嘘つき呼ばわりをされてはならんぞ、というのが親父の遺言だった。もし罵《ば》詈《り》雑言《ぞうごん》を浴びせられたならば、絶対に相手を許すなとも言った」

次の瞬間、目にも止まらない身のこなしでサンドウェッジを振り下ろすと、メルビルの脳天をぶち破ってしまった。そのあと彼はフランスに逃げたが、万事におっとりした時代の出来事、別に殺人容疑で指名手配された気配もないと知って舞い戻り、のちにアークの5日間戦争に参加して、ノーマン・レスリーは戦死を遂げている。

これが、最古の文献より29年前に登場した具体的史実のあらましである。ようやく発見した最初の手掛かりが殺人事件とは、なんともショッキングな話だが、それにしてもアンドルー・ラングはいかなる方法で1428年の出来事を調べ上げたのだろうか。10月14日と明記するからには必ずどこかに記録があってのこと、伝承ではないはずだ。

さらに興味深いのが次なる原文である。

「レスリーは身のこなしも素早く、いましがた砂の上で使ったアイアンをもって彼の脳天を打ち据えた」

人殺しの現場を描写しているというのに、私は欣喜雀躍、図書館の椅子に沈む勤勉なるイギリス男女がひんしゅくの視線を投げる中、

「こいつは、おどろきだ！」

と、日本語で叫んだものである。それというのも、アイアンがいつごろから使われ始めたかについては諸説入り乱れ、多分、1700年代の初頭には「らしきもの」が登場したというのが一般論だった。なにしろ現存する最古のクラブとしては、1898年にヨークシャーのハル市で発見された6本のウッドと2本のアイアンにヒントがあるだけ。いま現物はトルーンGCに陳列されているが、古クラブの鑑定家によると、「1700年代の初頭に製作されたと思える」と、表現は至って曖昧。それ以前のクラブについては深く研究する者もないままにきてしまった。

ところが、どうだ。スコットランドに生まれて、歴史家、古典学者、民俗学者、詩人、翻訳家の八面六臂。とりわけスチュワート家の歴史に興味を持ち、オデッセイ、ホーメロス、トロイのヘレンなどの優れた散文訳を残した上に、ゴルフの詩集と著作まで手がけたアンドルー・ラングの一文によって、1428年には「砂の上のアイアン」が存在したこと、ここに明白となったではないか。ゴルフ史のある部分を至急塗り直す事態である。

サンドウェッジについては、しばしばジーン・サラゼンが生みの親のようにいわれるが、それは間違いだ。彼はソールの舟底形「バウンス」を考案したのであって、サンドウェッジ自体はむかしから使われてきた。しかし、まさか1428年に早くも常用されていたとは唸るしかない話である。

ラングは民間伝承を求め、旧家に残る資料を漁って歩いたそうだが、一体どこでこの話に行き当たったのだろうか。殺人に至るまでの経過を細かく紹介しているところから察するに、彼が入手した資料はかなり綿密なものだと考えられる。これは推測だが、スコットランド、アイルランドを歩いて資料を探すとなると、まず第一に足を向けるのが教会、次に旧家の書庫というのが常識。ラングは教会を渡り歩いたと自著の中で述べているので、おそらく「１４２８年の殺人事件」も暗く湿った石造りの一室で発見した可能性が強いように思える。

となると、まだどこかに同じ資料が積まれたまま５００余年の歳月、ひっそり眠っていないとも限らない。その古文書には１４２８年どころか、１４００年とか、１３９０年といった大昔のゴルフ奇譚と伝説がぎっしり詰め込まれて、陽の下に晒されるのをいまや遅しと待ち焦がれているのかも知れない。ああ、思うほどに息苦しくなるばかり。

近い将来、私はかの地の教会に、いざ、いざ。

ゴルファーは眠れない

なぜか、ゴルフ前夜は寝つきが悪いものだ。

受験日前夜の学生に襲いかかる鋭利なイラ立ちとは違う。ピンク色に泡立つ結婚式前夜の狂騒感でもない。そう、明日に迫った手形決済に頭を痛めながらも、午後から初めての女性と1泊旅行に出かけようとする中小企業のオヤジ、これだ、これこそプレー前夜のゴルファーに限りなく近い心境ではなかろうか。

もちろん、人によって千差万別、中には討ち入り前夜に四十七士が味わったであろう高揚と悲愴に思いをめぐらせながら、ひとり布団をかぶって悶々《もんもん》と身をよじる者もあれば、金策尽き果てた遊び人のように、すべて成り行きまかせ、運を天に委《ゆだ》ねてシーツの皺《しわ》に潜ってしまう者もいる。

最近の報告によると、比較的増えているのが不安神経症と呼ばれる新種のゴルファーの出現だ。彼らの場合、まず起床時間が気になってなかなか寝つけない。この前、目覚まし時計の電池を交換したのはいつだったか。もし夜中に電池が切れたとして、起きた瞬間、陽が高々と昇っていたらどうしよう！　ちょっと待て、ガソリンは大丈夫だろうか、未明にガス欠では打つ手がない。バッグにパターは入っているか!?　ウインドブレーカーにレインウェアはどうなってる？　ついでにボールの数も確認しよう。服装のコーディネートは果たしてあれでいいのか？　茶系より紺系にまとめてポイントに白を使う、そのほうが好感度も増すのではないか？　いまなら間に合うぞ！

あれこれ気になることばかり。さらにはコースの心配、過去のミスショット、同伴競技者の顔ぶれなどが走馬燈のように交錯するかと思うと、まだ打ってもいないOBの数まで予想するところが新種の特徴、要するにこの手の人物、寝てるヒマがないのである。彼らの多くは「団塊の世代」に遅れること10年、共通してキレイ好き、几帳面、小心、男性の場合には女性的、女性の場合には男性的傾向が強いといわれる。すべてに対して過敏症なら仕方もない話だが、こと常識的な適応能力となると鈍感極まりないというから始末に困る。

こうした新種はさておき、ごく一般的なゴルファーでもプレー前夜は寝つきの悪いものだ。達者なジョークで知られるスポーツ・コラムニスト、ボブ・ロビンソンの場合、30年に及ぶゴルフ人生の中にあって、

「プレー前夜、私はただの一度も寝たことがない。30年間、徹夜のまま1番ティに立つのが私のゴルフである」

と、妙な自慢を書いている。一睡もしない理由がさらに複雑、

「日ごろは甘美な夢と休息を与えてくれるはずのベッド、これが問題だ。ゴルフ前夜に限って、あそこは不安と緊張の修羅場となるのだ」

自分は失敗のことばかり考える人間だと、ボブは告白している。意識的に明るいチャンネルに切り替えようとするが、どうしても思いは失敗の方向に傾いてしまう。よく考えてみるに、ベッド、静寂、暗闇の三角関係こそ曲者、思考が果てしなく広がる舞台装置に身を投じた「失敗恐怖症患者」がどうなるか、説明するまでもあるまいと彼はいう。

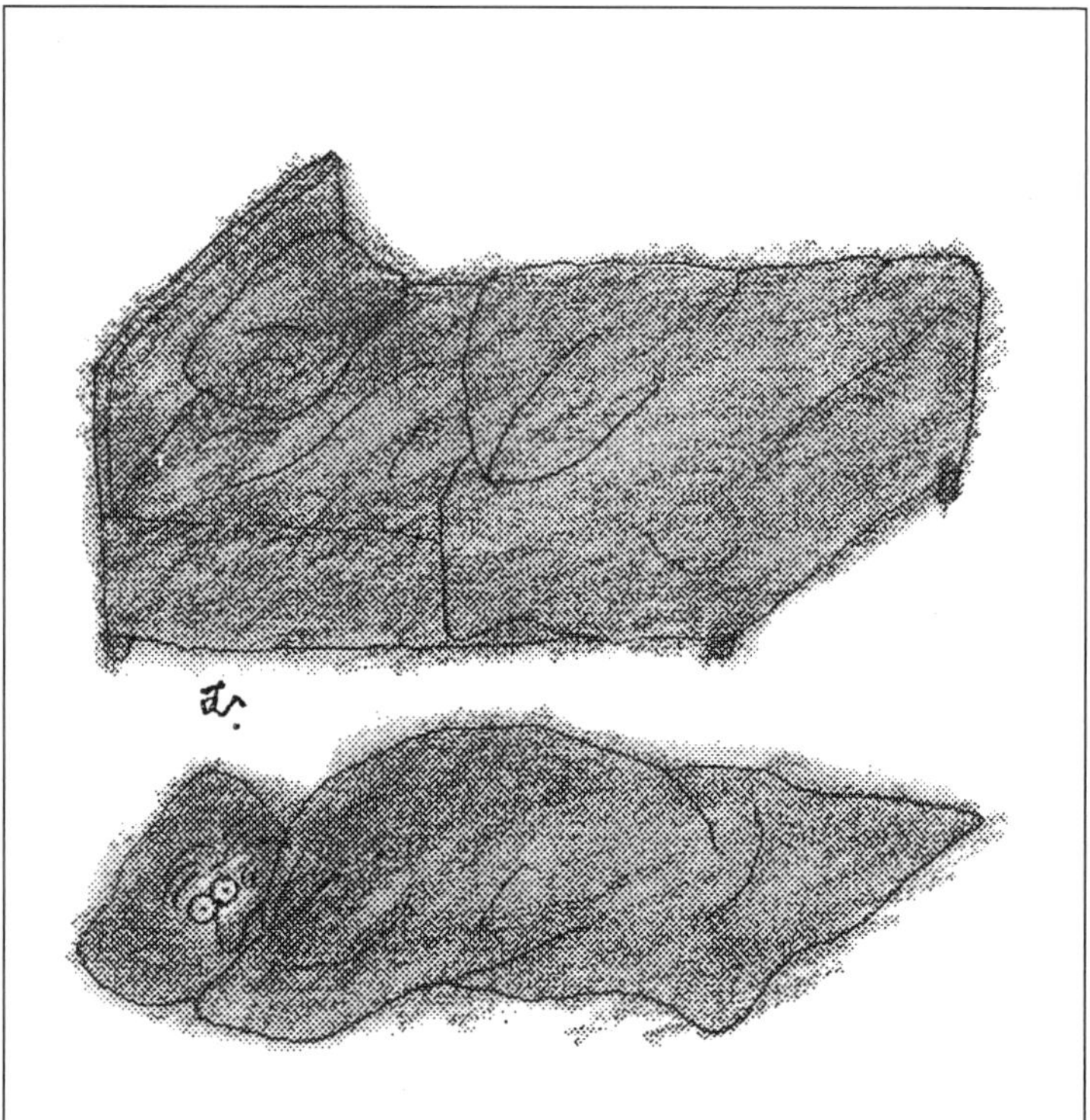

「だから私は、ベッドが嫌い」

この結論がコラムのタイトルにもなっている。失敗を強く感じる体質の者ほど寝つけないと断言する彼の主張は、即ち、失敗さえ考えなければ眠れると保証されたようなものである。それほどコトは簡単にいくのだろうか。

さて、話は突然だが、不況になると「法則」の本がよく売れるらしい。この傾向はいまに始まったものではなくて、たとえば事態収拾に窮したローマ帝国の権力者たちは、決まってセオリーに活路を求めるのが普通だった。そこでお座敷に呼ばれるのがワケ知り顔の哲学者、当たり前のことを威厳にくるんで呟くのがコツだ。

「動かば朽ち果てん。さりとて頭上の小枝にご用心」

受け取り方でいかようにも解釈できるご託《たく》ほど歓迎されるのが常、セオリーとは常識を軸とした理論、学説と考えてよさそうだ。さらにこうした森羅万象の中からエスプリを抽出、濃縮した上、その本質を機微のひと言で喝破してみせる「法則」が、これまた溺れる者にとって最良の福音となる。ロビンソンの絶妙な切り口には、ユーモラスな予言さえ宿ってファンが多いのではないか。

さて、1949年ごろ、カリフォルニアのエドワード空軍基地にE・A・マーフィー・ジュニアという一人のエンジニアがいた。日ごろからの含蓄深いセリフを吐くことで有名だったが、あるとき、テストパイロットが機体に異常を感じて緊急着陸する事態が発生。マーフィーはだれかが重力測定装置に対して間違ったセッティングをしたのが原因だと突き止める。そして、こう言った。

「いくつもの方法がある場合、そして、その中の一つが悲惨な結果に終わるとき、人はその方法を選ぶ」

数週間後、基地内で行われた定例記者会見の席でスタッフがマーフィーを同行した。彼こそ真実を見極める〝天才的眼力〟の持ち主だと紹介、基地のエンジニアたちは「マーフィーの法則」と呼んで信奉しているともいった。その代表的なものとして、

「失敗する可能性のあるものは、失敗する」

「絶好のチャンスは、最悪のタイミングでやってくる」

「捨てると、すぐ必要になる」

といったいくつかの法則が紹介された。やがて雑誌がエドワード・マーフィー語録の特集を組むに及んで彼は一躍有名人、単行本もベストセラー入り、現在も売れているそうだ。短文の奥に人間の脆《もろ》さ、皮肉、冷笑が巧みに隠されてあるところから、「上質の意地悪」「真実の苦味《にがみ》」と見て取れなくもない。少なくとも従来のアメリカ産法則とは異なって、ユダヤ的、アラブ的な匂いが濃厚である。

実は「マーフィーの法則」を読みすすむにつれて、真実の苦さを愛し、上質の意地悪を認知する私、たまらなくムズムズしてきた。思えばゴルフほど法則にのっとったゲームはないと断言できる。そこで折につけノートに「ゴルフの法則」を綴りはじめ

て数カ月、この作業が想像以上におもしろくて他の仕事に支障が出はじめている。それらを整理して「一般論」「ティショット」「ホールの途中で」「バンカーショット」「パッティング」に分類。さらに「ゴルファーの法則」と銘打って人間観察まで手を広げることにした。私を駆り立てたのは言うまでもなくマーフィーの次なる言葉。

「失敗する可能性のあるものは、失敗する」

これぞゴルフの本質、賢明なゴルファーになるほど本能的にこの法則を承知しているため、つい寝そびれるというわけだ。

「練習は、どうあれ練習にすぎない。たいていの場合、練習では高い確率でうまくいくものだが、コースではその比率が逆になる」

100年前、早くもトム・モリス翁はゴルフの法則を口にしている。いつか私家版を含めて1冊にまとめてみるつもりだ。

かような次第で、ゴルファーは失敗するためコースに赴《おもむ》くこと明白、そのことが潜在的苦痛となって安眠できない人もいるとわかった。眠れないことも法則の一つと知れば、寝不足もいくらか癒《いや》される気がする。

顕微鏡の中の宇宙

人は例外なく「大変」の中で生きている。山奥にわけ入って岩盤と格闘する金鉱探しも大変ならば、小さな魚群探知機のスクリーンに命運託して流浪の海をゆく漁船の皆さんも大変だ。ペニシリンもダイナマイトも水虫のクスリに至るまで、何かを発見する行程にも決まって大変がつきまとうのが世の習い、泥棒だって苦労の連続にちがいない。

あまり大きな声では言いたくないが、諸先輩のこうした苦労と比べたとき、ゴルフの物書きなど遊んでいるようなものである。発見の旅といってもハンマーを振りかざすわけではないし、顕微鏡をのぞくでもない。温い部屋に座ってコーヒーをすすりながら、日にせいぜい200ページほどの資料に目を通し、20枚ばかりの駄文を綴り、うだうだと16時間ほど椅子に座って時間をうっちゃれば、あとは寝るだけ。人混みに出ることもないので流感にかかる恐れもなく、一人でいるからエイズとも縁がない。私の場合、すべての発見は過去の文献と資料の中に限られている。

だから実際に汗を流す金鉱探しや漁師さんに対して、いつも負い目を感じながら暮らすことになる。その発見にしても、世の中から花粉症を駆逐するほど立派なものなら威張ってもいられるが、どう逆立ちしてもゴルフの話である。

先日も米ツアーの古い記録を漁っているうちに、私なりの発見があった。1974年、フロリダで行われたタラハッシー・オープンの全成績を眺めているうちに、最下位マイク・リーザン選手のスコアを見て椅子から落ちそうになった。かつてプロトーナメントで、これほどの数字は見た覚えがない。

「これは一体、何事だ!?」

にわかに動悸が高まった。成績一覧表によると4日間の試合で優勝したのはアレン・ミラー、1打差の2位に三人が肩を並べる接戦だった。上位四人のスコアは次の通りである。

アレン・ミラー、「65・69・67・73、トータル274」

ジョー・インマン、「73・68・63・71、トータル275」

エディ・ピアース、「68・68・70・69、トータル275」

ダン・サイクス、「67・69・67・72、トータル275」

まさに激戦だったことがうかがえる。それから視線を120人分走らせたドン尻、マイク・リーザンのスコアを見てぶっ飛んだ。

「73・71・123・114、トータル381」

なんと、首位のミラーとは「107打」の大差、ひょっとしてこれはプロトーナメントにおけるギネス記録ではなかろうか。それにしても3日目以降、マイクの身に何かが発生したことだけは間違いない。そこで年度別のPGA記録を調べてみると、これが上位争いばかりに詳しくてドン尻には一瞥もくれないのが建て前。そこで現地時間を計算した上、あちらのPGA事務局に電話を入れる。

「やあ、こちらニッポンのケン、毎度！」

「あら、しばらくね。今度はなァに？」

「1974年のタラハッシー・オープン、最下位のマイク・リーザンに何があったのか知りたいと思ってね」

「OK、すぐに調べてコピーを送るわ」

マジー・ウィルソン夫人の応対はいつも明るくて親切だ。やがて到着したコピーによると、案の定2日目が終わったところで大怪我を負ったとあるが、それ以上の説明はない。余白に夫人の筆跡でフロリダに住むマイクの住所と電話番号が記入されてあった。詳しいことは本人に尋ねなさい、と。そこで自宅に電話をすること3回目にして、ようやく本人をつかまえることができた。渋い声のマイクは、いよいよシニア入りの年齢を迎えて、もうひと花咲かせるつもりらしい。

「なぜ大昔の出来事に興味を持つのかね？」

「ゴルフ界の変事には、すべて興味があります。とくに3日目のあなたの乱調は記録的、何があったのか話してくれませんか？」

「いいとも、それがいま思い出してもバカげた話でね……」

そのころ、マイクは一人の女性に夢中だった。ブルーの瞳が愛らしいジュディスは、どちらかというとゴルフよりも乗馬に夢中のヴィオラ弾き、アルバカーキ交響楽団のメンバーとして活躍中だった。２日目、もし予選ラウンドが通ったならば、フロリダ海岸の夕焼けを眺めながら砂浜での乗馬を楽しむ約束ができていた。２日目までのスコアが「73・71」、それほど自慢した数字でもないが、とりあえず決勝ラウンドに進むことができた彼は有頂天、スパイクをぬぐなり乗馬クラブに駆けつけた。

「ところで、乗馬の経験は？」

と私。

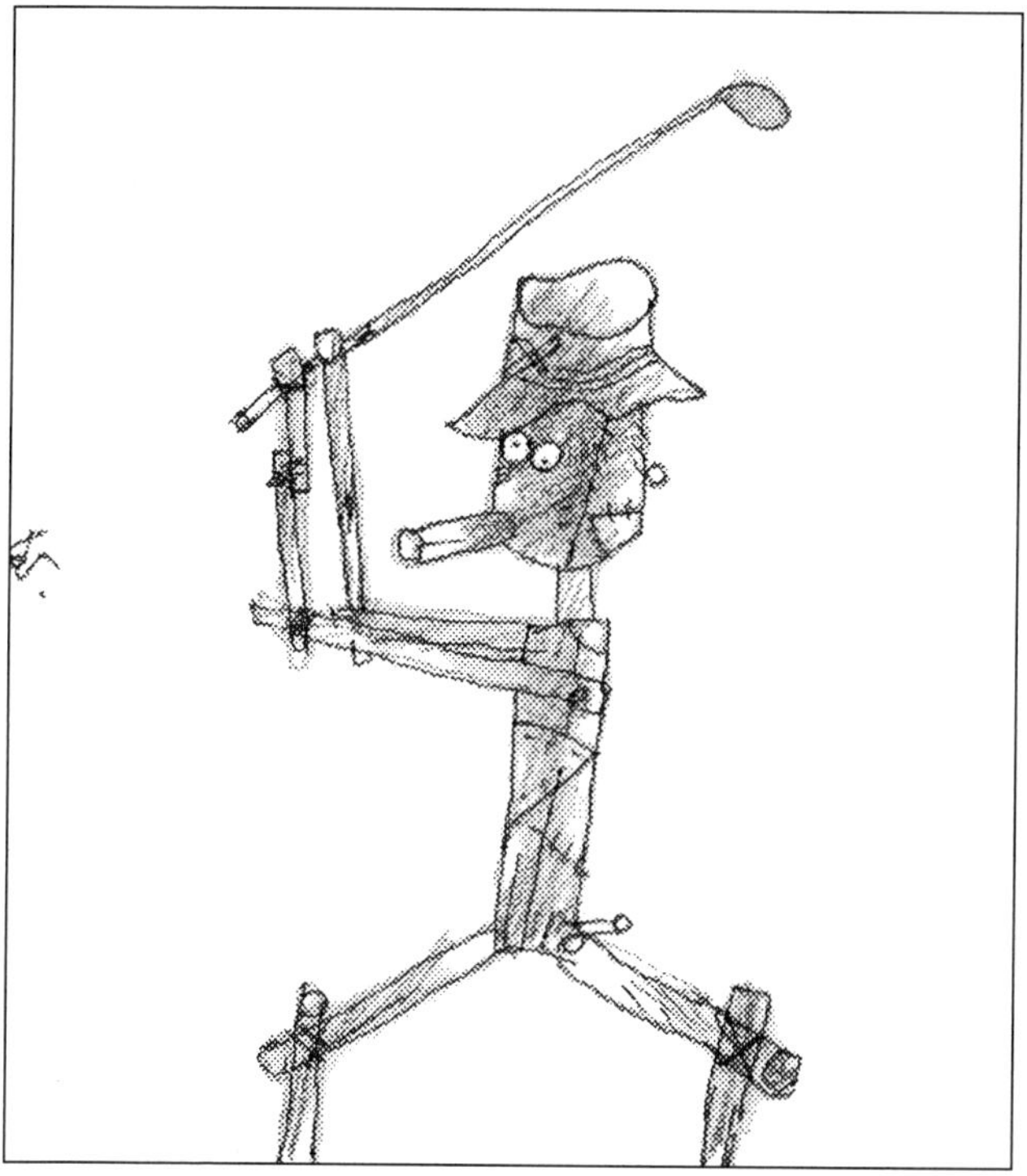

「とんでもない！」

マイクはひとり呵々大笑して曰く、

「私の親父は漁師、私は海軍出身、馬なんて西部劇でしか見たことがなかったよ」

しかし、恋する女性に雄姿を誇示したがる見栄に洋の東西なく、元水兵はどうやら馬の背によじ登った。と、掛け声も勇ましくジュディスが一目散に走り出したではないか。次の瞬間、釣られてマイクの馬まで猛烈な勢いで疾走を開始したからたまらない。50メートルほど鞍にしがみついた恐怖は覚えているが、あれよと思う間もなく天と地がぐるりと一回転して突き抜けるような衝撃を感じたまま、次に意識を取り戻したのが病院のベッドの上。

「右ひざ打撲は大したことなかったが、左肩が脱臼寸前。さらに左肩から脇の下にかけて肉が裂けてしまって12針も縫う大怪我だった。もちろん、どう考えてもゴルフのクラブが振れる状態じゃない。ようやくチャンスをつかみかけていた私は、絶望のドン底に突き落とされて死にたい気分だった」

どうやら気を取り直して体の各部を点検したところ、右腕だけがピンピンしている。彼には何としても残り2日間、這ってでも試合をやり遂げたい理由があった。

タラハッシーの4日間をホールアウトした選手に限って、次週開催されるバイロン・ネルソンクラシックの予選が免除されるからだ。苦労してようやくつかみかけたツアープロの座、しかも愛するジュディスが秋の挙式に色よい返事をしてくれたばかかり、何としても頑張る必要があった。

翌朝、こっそり病院を抜け出した彼は、同伴競技者にコトの顛末を告げて理解を求めた上で、いよいよ右手だけのゴルフを開始した。

すぐに悟ったことだが、ドライバーから4番アイアンまでの長いクラブはタイミングが合わない。そこで5番アイアン1本に頼ってのゲームが2日間にわたって続けられた。もちろんパットも右手だけで処理したが、こちらは普段と変わりなく出来たそうだ。

「ジュディスとはその後どうなったかって？　彼女もいまでは四人の子持ち、台所でシチューを煮ているよ。電話口に呼ぼうか？」

幸せの気配が伝わる受話器を置いて、まずはホッとひと息、私の大変は終わった。

およそプロにあるまじき大叩き事件も、真相を知るほどに浮かび上がってきたのが「愛」の一文字。このあたりが机の上のゴルフ、最高のよろこびと言える。

ドゥ・ユア・ベスト

全身の血が、絶対に座視してはいけない問題だと騒ぎ立てる。直ちに行動すべきだが、無力の自分に一体何ができるだろう。

名門オックスフォード大学の学生、ハンフリー・クラム・イーウィンは、いましがた読み終えた新聞の前に30分も立ちつくしていた。5歳のとき交通事故で両親を亡くした彼は、叔父に育てられてここまで成長した。しかし孤児であることに変わりはない。それだけに見過ごせない記事だった。思案に暮れた22歳の誠実な青年は、寮の隣室に住む友人のジョン・ダウニーに相談してみることにした。

「捨て子兄弟の父親、南アで発見」

ジョンは、差し出された新聞の見出しを読み上げて怪訝《けげん》な表情を浮べた。

「いいから、その先を読んでくれないか」

「いまから3カ月前、ピカデリー広場で保護された捨て子の兄弟、テディとピーターの父親から市長に手紙が舞い込んだ。それによると彼は南アのソレトに渡って鉱山の採掘に従事中。500ポンドの貯金ができたら迎えにくるので、それまで1年ほど子供の面倒を見て欲しい、と。手紙には、妻に死なれてからアルコールに溺れ、各地を転々としたが万策つき果て、泣く泣く子供を手放した悲しい事情が書かれてあった。そして、児童遺棄《いき》の罪については必ず戻って償うと約束した」

声を出して読み終わると、「悲しい話だね」と呟き、それからハンフリーに尋ねた。

「これがきみと、どう関係があるのかね？」

「何もない。ただ、1年も親子が離れればなれになるなんて、とくに4歳と2歳の兄弟が可哀相すぎる。二人にはいますぐ父親が必要なのだ。どうにかして500ポンドのお金が作れないものかと考えている」

「大金だなァ。学生の分際では無理だよ」

その晩、ハンフリーが机に向かっているとき、ノックもせずにジョンが飛び込んできた。彼はゴルフ部の選手、奇抜な発想もゴルフからヒントを得たものだった。瞳を輝かせて言うには、ロンドンのマーブルアーチからオックスフォードまで、55マイル（約88・5キロ）の道路を一つのホールと仮定して、ある一定時間内にホールアウトできるかどうか広く賭けを募ろうと

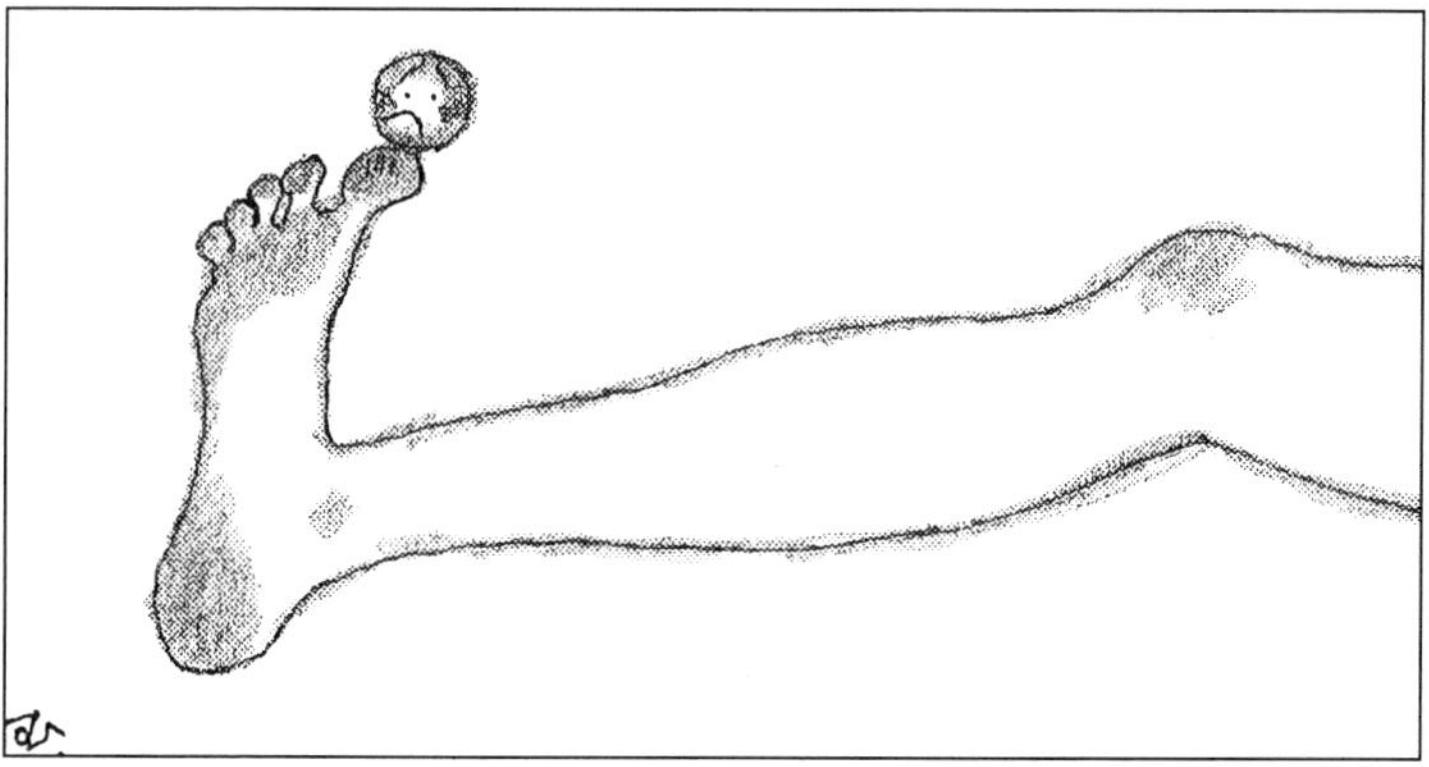

いうものだった。

「ぼくは、きみほどゴルフがうまくないよ」

ハンフリーが難色を示した。

「そんなこと関係あるものか。アプローチもパッティングも必要なし、ただ道路の上から大きくそれないように転がして歩けば済むことさ。誰だってゴルフの賭けと聞けば飛びつくはずだ。校内はむろんのこと、町のパブにも話してみよう」

二人は綿密に相談した上、所要時間はきっかり20時間と決めた。これは1時間平均2・75マイル（約4・4キロ）のスピードが要求されるタフな賭けだが、スリルが大きいほど参加者も多くなるはずだとジョンが主張、さらにはもし挫折した場合について、

「貧乏学生の酔狂な遊び、ズボンの上から1回ムチ打ちすることで許して欲しい」

と、都合のいい条件をつけることにした。ジョンはマネジャーとしても申し分ない男である。

いざ各方面に働きかけてみると、これが意外な反響、とくにパブの酔客に大受けで1枚1ポンドの手形が飛ぶように売れた。二人は「学費稼ぎのため」と称して本当の事情は寮の友人以外に語らなかった。

1956年6月26日、午後9時近く、ロンドンのマーブルアーチには大勢の人が押し寄せて騎馬警官まで出動する騒ぎだった。といってもハンフリーの善行に声援を送

る者は数人の友人だけ、残りの1000人近くは、折しも「空中ブランコ」の初日挨拶に訪英した主演女優、ジーナ・ロロブリジータの妖艶な姿をひと目見ようと熱狂する観衆だった。オデオン座界隈の人の波が引くまでに、予定の時刻から15分も待たされたハンフリーは、ようやく第1打を5番アイアンによって転がし始めた。記念すべきティショットは離陸せず、10メートルほど転々としてゴミ箱にぶつかった。

「本当は早朝にスタートしたかった。ところが寮の監督官の理解が得られず、こっそり夜中に出発することになって残念だ。なぜ時期を待たないのかって？　それは父親に会いたがっている兄弟の気持ちを考えたならば、一刻の猶予もできないからだ」

彼は取材にやってきた記者に、そう語っている。始まってしまえば冒険ゴルフの目的を隠す必要もないと判断したのだろう。

ロンドンの外れまで二人の友人が車で同伴、ライトの助けを借りてゲームは順調だった。なによりも舗装道路上、勢いよくボールが弾んでくれるので時速5キロも稼ぐことができた。郊外に出たところでキャディ役の学生カミーラ・ジェッセルと合流、いよいよ闇の中での闘いが始まった。国道A40に沿って進むルートは夜間トラックが多く、人間はよけられてもボールが跳ねられるケースが予想された。案の定、A40に入って間もなく、たて続けに2個のボールがトラックに巻き込まれて行方不明になった。

当初の予定では、A40の道幅を利用して5番アイアンを多用、ここで距離を稼ぐ計算だった。ところが実際にはトラックの往来が激しく、しかも車が行ってしまうと想像以上に闇が深いのだ。そこでハンフリーとカミーラの二人はボールに白い布を巻きつけた上、見失わないためパターで転がす方法を思いついた。しかし、これではスピードが鈍るばかり。布切れも数回のショットで破れてしまい、残るは聴力だけが頼りの夜間行軍と化した。

午前5時、ようやく25マイル地点のビーコンフィールドに達したとき、全体のプランから見ると30分近くも予定時間を下回っていたものの、思いがけない事態が発生した。1ダース持って出たボールが記憶では7個紛失、5個残っているはずなのに、道中どこかで落としたらしく、いま最後の1個が川に流されていく。責任感の強いカミーラは洋服のまま川に飛び込んだが、流れが早くてボールは彼方へと消え去ってしまった。

「ここまでだね」

ハンフリーは呟いて道端に座り込んだ。両手はすっかり腫れ上って血がにじみ、足のマメからも出血していた。

「ぼくは500回以上もムチで打たれなければならない。それは覚悟の上だけど、兄弟はどうなるのだろう。もう1回チャンスが欲しい。1000回打たれてもいいから来週またやろう」

彼らは悄然とオックスフォードの町に戻った。ところがバスから降りた瞬間、数百人もの仲間が彼らを待ち受けてもみくちゃの歓迎ぶり。人垣の中にはパブで手形を買ってくれた町民の顔もあった。その朝の新聞に、大きくハンフリーの美談が紹介されたのだ。事前に相談を受けた学生部長のロウィ博士が新聞社に話を持ち掛けていたのだった。

「きみは十分にやったよ」

パブの主人が穴の開いた箱を彼に手渡した。その穴に多くの人が善意の賭け金を投げ込み、総額は676ポンドに達していた。ハンフリーは無力な青年だったかも知れないが、決して無気力ではなかった。1カ月後、兄弟の父親は戻り、やがて市長の斡旋で市の清掃に従事、親子三人水入らずの暮らしができるようになった。それもこれも、一人の大学生がやってのけた快挙である。

デンマークからの手紙

『親愛なるケン。

きみと一緒に歩いた南仏ゴルフの旅が忘れられない。あれはグランモットのコースだったと思うが、あまりの暑さに耐えかねて、ショートホールの横にあった別荘に飛び込み、太ったレディに1杯の水を所望したところ、よく冷えたシャンパンが出てきたのにはおどろいたね。そのとき、きみは自分で言ったセリフを覚えているかい？

「プレー中、私は酒を飲まない。しかしこれは酒に非ず、愛情のしずくであり、思いやりの恵みに満ちた感動の水である」

黙って頂戴すればいいのに、東洋人というのは厄介な人種だと思ったものさ。ついでに言っておくと、きみは愛と感動の水を2杯も飲み干した上、マダムの手を握って、

「生涯最高の水でした。感謝します」

と、日本式のお辞儀をしたね。その姿を見て私は本当にきみが好きになった。

元気でいる、と書きたいところだが、実はいま病院のベッドで暮らしている。酔っ払いの運転する車に横から突っ込まれて、アバラ骨3本と左太ももの付け根が複雑骨

折、手術は終わったが、歩くまでにかなりの時間がかかると思う。再び好きなゴルフが出来るかどうか微妙なところらしい。身辺のことは、幼な友達のイングリットがよくやってくれるので心配ない。

ケンが書いた「南仏ゴルフ紀行」とグラビア、コペンハーゲンに駐在しているM物産の友人ツカモトさんに翻訳を依頼し、楽しく読ませてもらった。どうもありがとう。そして来年は、ぜひともデンマークに来て欲しい。きみの健康をいつも神に祈っている。変わらぬ友情を。

ヨハン・ダーシムフト』

『親愛なるヨハン。

事故の知らせにおどろき、毎日容態を案じています。1日も早く全快するように祈るばかりです。旅の途中、私の部屋で北欧のジャーナリストたちと痛飲した夜のことを思い出します。そのとき、きみに両親がなく、兄夫婦に育てられた事情を聞いているだけに、幼な友達のイングリットが身辺の世話に来てくれると知って安心しました。今度、イングリットのことを聞かせてください。

あまりに遠すぎて、私に何も出来ないのが残念です。手元にあった英訳版、日本の小説2冊と「四万十《しまんと》川」の写真集を別便にて送りました。いま、全世界の神々に友人ヨハンの全快を祈念したい気持ちで一杯です。

ケン・N』

『親愛なるケン。

きみの手紙をうれしく拝見。私のいる新聞社にゴルフ担当者は私一人だけ、しかも近ごろでは北欧一帯がゴルフブームとあって、いまこそ私の出番だというのに動けない日々。歯がゆさの余り1杯やりたいところだが、アルコールも禁止だ。泣きたいよ。

ここデンマークをはじめ、ノルウェー、スウェーデンにも新しいコースが次々に誕生している。傾向としてはスコットランドに限りなく近いが、ラフは一層手強く、空気が乾いてボールが飛ぶ分、各ホールとも距離が長く作られている。問題は急増したゴルファーがマナーの何であるかを知らないことだ。各所でベテランと新人がトラブルを起こしているが、私は新聞にこう書いた。

「歴史に関する書物を読め。レッスン書より先にだ！」

結局、本も読まないゴルファーが、このゲームを台無しにしてしまうと思う。

イングリットに興味があるのかい？　まったくきみは、おかしなやつだよ。そう、彼女は26歳、オーゼンセの生まれで、ひところリンケベングで小学校の先生をしていたが、いまはコペンハーゲンの海産物商社に勤務している。私も12歳までオーゼンセにいて、彼女とは9番アイアンで届く距離だった。

こちらで再会してから、ときどき兄夫婦と一緒に食事をすることはあっても、それ以上のつき合いはない。共通の話題といえば故郷のことばかり。彼女は比較的無口だが、とても心が優しい人だと思う。私が入院している病院が彼女の会社に近いこともあって、毎日帰りに数輪の花を届けてくれる。幼な馴染みというのは、いいものだ。

ところでケン、日本のゴルフ事情について何か書いてくれないか。たとえばゴルフにおける東洋思想の在り方とか、日本ならではのジョークとか。ぜひとも私の新聞で紹介したいと思うのだが。

ヨハン』

『親愛なるヨハン。

10日間、世界各国から集まったジャーナリストと一緒にゴルフをしたが、きみと回ったのは2ラウンドだけ。しかし人間観察に36ホールは長すぎるほど十分です。ゴルフの格言に、

「同じ職場で18年つき合うよりも、18ホール回ればよい」というのがあります。従って、私にはヨハン・ダーシムフトなる男の素顔がよくわかっています。ゴルフは人柄を露呈するばかりか、それまでの人生まで垣間見せてくれるものです。

さて、36ホールの印象ですが、きみは冷静にターゲット・エリアを観察するタイプではありません。方向はチラッと見るだけ、もっぱら関心は眼下のボールをいかに打つか、スウィングばかりに気を取られています。その前に、打ってはいけない場所、ハザードの位置、自分の持ち球、全体の地形など十分観察した上、どのルートを選択するか、それを決めてスタンスをしっかり固めるのです。ゴルフも人生も、スタンスを固めることが最優先課題、スウィングはそれからです。

いま、きみがしっかり見るべきターゲットはイングリットだと思いませんか？　ただ会社が近いというだけで毎日花を届けるでしょうか。中国に次のような諺があります。

「女が三日、花を届けたならば、それは求愛のしるし。三日、手製の菓子を届けたならば、それはベッドへの誘惑」

ヨハン、きみはいま自分のゴルフと同じ過ちをくり返そうとしています。ぼんやり前方を見る程度の人生で満足するつもりですか？　一つ実験してみてください。彼女が立ち去るとき、心にぽっかり穴が開いたような淋しさが感じられたならば愛している証拠、そのときはためらうことなく呼び止めて自分の心を伝えなさい。何も感じなかったら、私のお節介を笑いなさい。罰として原稿を書きます。

ケン・N』

『親愛なるケン。

次回、私とプレーしたならば、きっと大きな変化に気づいてくれると思う。どこに打つべきか、しっかり前方に視線を据えることの重要性をきみが教えてくれたからだ。

昨晩、いつものように病室から立ち去ろうとして小さく手を振る彼女を見ていた。淋しさよりも、そのとき名状し難いなつかしさが不意にこみ上げてきた。長いこと、いつも心のどこかで彼女を愛し続けてきた自分に気づいて涙がこぼれそうになった。

ありがとう、ケン、きみのレッスンに心から感謝する。(追伸。イングリットが1日も早くきみに会いたいと言っている。クラブを持って、結婚式に来てくれないか)

ヨハン』

ラリーさんの回転木馬

サンジェルマンの畳々《じょうじょう》たる森から、物憂げな吐息にも似た微風が私たちのいるテラスをよぎっていく。その日は暑くも寒くもない特別注文の午後だった。目の前に広がる美しいコースでは、迫りくる世界アマ選手権に備えたフランスチームの選手たちが、静かに白球を飛ばし合っては木立の中に消えていく。欧州屈指の名門「ゴルフ・デ・サンジェルマン」の昼下がりは、時計が止まって雲だけがゆっくりと流れる静寂の世界だった。

「豊かすぎる景色にめぐり逢ったとき、決まって思い出す話があります」

選手の動きを目で追っていたラリーが、私の言葉にふり返った。

「インディアンの老人の話です。彼が100歳になった朝、空は抜けるように青く、大平原には爽やかな風が吹き抜けていました。彼はテントから出て煌《きら》めく山河に目を細め、大気の甘さを二度、三度と吸い込んでから微笑して呟くのです。

〝Today is a Good-day to Die〟

本当に、こう言ったそうです。きょうは死ぬのにいい日だって。古老の言葉には悲愴の片鱗もなく、まるで鍛え抜かれた挙げ句に分泌されるシェークスピアの軽妙な韻律にも似たセリフを残して丘に登ると、そこに1本だけ聳《そび》える樹木の幹に背をもたれて座り、自分が生まれ育った風景に見入っていたそうです」

「彼には、わかっていたのね」

「はい。家人が心配して行ってみると、微笑しながら死んでいたそうです」

ラリーは森に遠い視線を向けながら、小さく言った。

「透き通った、いい話……」

しばらく無言のまま、私たちは1世紀に及ぶ歳月が醸し出す重厚なコースの景観に見入っていた。おびただしい数の鳥が舞っては地に降り、背後の食堂から練習を終わらせた選手たちの笑い声が微かに聞こえてくる。

「私にはインディアンの老人のような予知能力がないから、それで困っているのよ。きょうかしら、それとも明日？　仕方なく事情が許す限りコースに来て球を打ったり、おしゃべりに興じたり。ゴルフの中にいると安心していられるから」

1920年生まれのラリー・ド・サンシヴェールは、陽焼けした顔に微笑を浮かべて、唐突に、

「ゴルフ中毒なのよ」

と言った。

「あなたも私も、ゴルフ中毒。ちがう？」

苦笑するしかなかった。片道12時間、シベリア上空を行ったり来たりしながら欧州

各地にいる「ゴルフの鉄人」と面会し、素顔と足跡に迫ってみたいのが夢、さしずめ中毒患者がビョーキにかかったようなものだろう。優れたアマチュアに対して、とくに私の好奇心は騒がしく、等身大に近づくほど幻滅させられるどこかの国のプロに興味はない。

ラリーは、どうしても会ってみたい名選手の一人だった。カトリーヌ・ラコステと双璧、フランス女子ゴルフ界伝説の人である。1939年、世界ナショナル選手権に優勝したのが19歳のとき、3打負けていた15番から連続4バーディの信じられない逆転劇にフランス中が狂喜した。それから70歳を過ぎたこんにちまで、彼女は公式競技に出場し続けているのだ。

「何勝したか、覚えていますか？」

「ナショナル大会では、確か12勝しているはずだけど。1950年にロイヤル・カウンティダウンで開催された全英女子アマ選手権、それからアメリカ、フランス、イタリア、ドイツ、スペイン。たくさんの国の女子選手権に勝ちましたよ。私の身内に詳しい者がいて勘定したところ、大きな試合で65勝、クラブ選手権のような試合まで入れると120勝以上だって言うけど、よくわからない」

「最近では？」

「いまのところ、フランスの女子シニア選手権に4連勝したあと1年病欠して、そのあと3連勝中。ときどきスペイン、イタリアに遠征して、出場した試合全部に優勝中」

「ここに、去年（1993年）の全仏女子シニア選手権の成績があります。2日間競技のあなたのスコアは、37、36、37、32。トータル2アンダーで2位の選手に9打差です。これが73歳のレディによって出されたスコアかと、誰もがア然とするばかりです。とくに最終日が69、後半の32は驚異としか言いようがありません」

「パットが入ったのよ」

ラリーは顔を近づけると、秘密めかして囁いた。

「打ち損じたと思ったパットが、あなた、五つも入ったのよ。信じられる？」

「そりゃまあ、私たちの打ち損じは致命的なミス、どう救いようもありませんが、あなたのレベルになると紙一重ですから、それが入っても信じられます」

5歳のとき、父親のパターを借りて打った10メートルものロングパットが一発で沈む奇蹟に遭遇して、彼女はゴルフの虜《とりこ》になる。一貫してパリの上流校を歩むが、人に出身校を尋ねられると、

「決まって、ゴルフ・デ・サンジェルマン大学卒業と答えているわ。このコースは私の人生の母校だから」

ゴルフを続けながら結婚、出産、育児、遠征にも参加する。離婚したあと貴族と再婚したが、数年前に死別、子供にも先立たれてしまった。人生の辛苦のすべてに耐えてきたが、心の傷を癒す場所がコースだった。

「悲しいときには、隠さず悲しみに浸りながら球を打つ。すると悲しみが飛んでいく。うれしいときには、喜び一杯にスウィングする。今度は喜びが大空を飛翔して、もっと幸せな気分になれる。コースは心身浄化の場所なのよ」

この言葉を聞いただけでも来た甲斐があった。ゴルフと共に歩む幸せに感謝の念を持ちなさいとラリーに教えられて、窓から新鮮な空気が流れ込んだように思えた。

満ち足りたテラスでの時間が過ぎて、彼女が日課とする練習に立ち合わせてもらった。練習場の左隅に陣取って芝の上にボールを撒《ま》くと、１００メートル表示の旗竿めがけてゆっくり７番アイアンを振りはじめる。１６３センチ、53キロ、１９２０年生まれのラリーは、私が知る限り最も美しいアドレスの持ち主だった。

グリップはシャフトに溶け込むほど細くコンパクトに握られ、両足はしっかり大地に打ち込まれているが、１カ所として力んだところが見られない。

いつの間にか私の隣に立った支配人のジャン・ピエール・デスブローズ氏が、声をひそめて言った。

「彼女のスウィングは完成された芸術品です。打つために必要な動き以外、1ミリの無駄もありません。いつ見ても、息をのみます」

小さくひねり上げたヘッドが体の回転にまとわりつくように走ると、フィニッシュが定規で計ったように左耳の上で納まる。旗竿の2メートル四方がたちまち白球の山だ。やがて150メートル前方にウッドの4番で、これまた信じられない白球の山を築いてみせた。生涯一アマチュアとして錬磨を重ね、ついに到達した究極の簡潔なスウィングに見ほれて陶然、ゴルフにおける人間国宝の至芸にかたずを飲むばかりだった。

やがて別れの時、ラリーはキスの頬をつけたまま言った。

「あなたも私も、インディアンの老人めざして一生懸命に生きましょうね。お元気で」

死海に消えた地獄のコース

ゲーム開闢《かいびゃく》以来、最も傑出したゴルフ狂は誰かと尋ねられて、思案の末に「エリック・D・ネルソン」と答えた。

「ネルソン？　およそ聞きなれない名前ですね。何者でしょう」

「イギリス人の技術者というだけで素顔はまったくわかりません。いつ生まれたのか、どこで死んだのか、一切不明です。しかし世界一のゴルフ狂だったことは間違いないと思います」

70年もの歳月が流れてしまうと、調べようにも手掛かりがない。製塩技術に長けていたというから、あるいは塩造りが盛んなイギリス最南端ブリマス地方の出身だろうか。残酷に満ちた条件承知の赴任だろうから、おそらく頑健な男だったに違いない。１９２８年ごろ、彼は招かれて現ヨルダン領、死海の北岸に位置するカリアの荒涼たる土地に飄然と現われる。

ヴェルヘルトが書いた「旧約聖書紀行」によると、神は地球の一点に地獄の入口を刻まれたらしい。そこは地中海から１００キロ、ヨルダンとイスラエルの両国にまたがる断層の亀裂が下方へと雪崩《なだれ》込み、ついに長さ75キロ、幅15キロ、面積１０５０平方キロメートルの塩湖に達する。信じられないことに、ここ死海は海抜マイナス395メートル、地球上で最も低い水面が形成される。といって流れ出る川は一条たりとも存在せず、ヨルダン川から1日に流れ込む600万トンの水すべてがたちどころに蒸発する灼熱の海であり、巨大な塩の釜でもある。

かつて、現在の数倍もあったといわれる水面も縮小が続き、それに伴って次第に塩分が濃くなっていった。普通海水の塩分は4～6パーセントに過ぎないが、死海では実に25パーセントに達する。ゆえに食塩、塩化カリウム、マンガン塩、さらには写真感光材のほか鎮静剤、睡眠薬の原料にもなる臭素の宝庫として注目され、1928年にはイギリス資本が進出、いよいよ北岸のカリアに化学工場が建設されることになった。太陽が昇ると気温がたちまち摂氏55度にも上昇、夜間には氷点下まで冷え込む気象は、「ときに羊まで発狂した」とヴェルヘルトが述べたほど仮借《かしゃく》ない。この呪われた地にネルソンはやってきた。思うに当時としては破格の報酬が約束されたのだろう。

2年後の1930年、工場は操業開始、丘の上に100人近い作業員のための住居も建てられた。死海は塩分を増しつつあったが水面はまだ十分に広く、まったく泳げない者でも浮いてしまう不思議に人気が集まって、世界各地からの観光客も相当数にのぼった。さらに聖地エルサレムから30キロの至近距離、メッカ巡礼のコースに組み込まれたことで、荒涼の世界も昼間に限って賑《にぎ》わいを見せるようになった。

作業が軌道に乗った1931年、ネルソンの挙動不審が目につくようになる。暇を見ては湖岸にうずくまり、スケッチブックに地形など描いては思案に暮れる。かと思うと活発に歩き回って測量に余念がない。いぶかる同僚が尋ねた。

「地質調査かね?」

彼の口から飛び出した次なる言葉に、一同腰を抜かさんばかりに驚いた。

「ゴルフ場を作ろうと思ってね。どうやらメドが立ったよ」

ヘミングウェイの小説に「何を見ても何かを思いだす」という好篇がある。故郷で球打ちに熱中してきた彼の脳裏にゴルフの虫が棲みついて片時も離れず、過酷な大地にあってさえ禁断症状に身をさいなまれた挙句、ついにコース建設を思い立ったものらしい。世界はゴルフ狂で一杯だが、日中の地表温度が摂氏50度を越え、平均湿度77パーセント、海面下395メートルの地の底にゴルフ場を作ろうと思い立つほど狂気に駆られた人物は他に例がない。開闢

以来のゴルフ狂と名指した所以《ゆえん》である。

翌1932年、死海のほとりに9ホールだけの奇なるコースが誕生する。設立メンバー12名、全員現地のイギリス人だがコースの存在が知れ渡るに従って各地から入会希望者が殺到、全盛時には300人近いメンバーがいたと伝えられる。ゲーム自体、すでに十分すぎるほどサディズムに満ちているというのに、その上灼熱の死海で被虐の上塗りにいそしむとは物好きの度が過ぎる、連中はクレージーだとイギリスの新聞まで呆れたが、外部の声などお構いなし、クラブ選手権まで行われたらしい。

イギリスの雑誌「Golf」の紹介によると、コースとは名ばかり、ところどころ苔《こけ》に似た湿地植物が申しわけ程度に生えるフェアウェイの随所に、塩の堆積、硼砂《ほうさ》、奇岩が連なって不気味な光景を呈していたが、苔類など敷きつめたグリーンだけは一級品、見事な仕上がりだった。さらに驚かされるのがコース入口の立看板。そこに書かれた名称を読むなり、思わず逃げ腰になるビジターも少なくなかった。

「ソドム・アンド・ゴモラ・ゴルフィング・ソサエティー」

なんと、旧約聖書の「創世記」に登場する悪名高き伝説の町がコース名に使われていたのだ。ソドムとゴモラに怠惰がはびこり、酒池肉林が展開される。怒った神は天から硫黄と火を降らして二つの町を滅ぼしてしまう。煉獄の9ホールこそ炎上する町のイメージそのもの、これ以上のネーミングはないように思える。

「地表に立って数分間、ティアップの動作だけで全身の毛穴からドッと汗が吹きだすが、それも一瞬のこと、たちまち乾燥して皮膚には塩分が残り、ヒリヒリと焼きつくさまは拷問と呼ぶにふさわしい」

雑誌「Golf」のダン・シムスンズ記者は、ここでプレーした印象について、立ちくらみの連続だったと書いている。

「打った瞬間、パッと飛び散るのは芝にあらず、塩と砂の飛沫なり。あたりにはダイヤモンド・ダストが立ちこめてキラキラと輝くが、肝心のボールは空気の比重があまりに重すぎて一向に飛ばず、異常な暑さに打ちのめされ、立ちくらみが続き、まるで酔ったように気息奄々《えんえん》とさまよい続けるのみ。これがゴルフといえるだろうか」

馴れてるはずのメンバーでさえ、脱水症状で倒れるなど日常茶飯。ビジターの中には発汗によって血液が濃くなるためか、心臓発作で亡くなった方もいたそうだ。まさに「ソドム・アンド・ゴモラ」でのプレーは命がけだった。

創設者ネルソンがいつまで死海にいたのか、詳細な記録は何ひとつ残されていない。1948年には「世界で最も低地にあるコース」としてギネスブックにも認定されたが、ネルソンの名前には触れずじまい。大英図書館の古い資料にも当たってみたが、結局、世に恐ろしい場所に9本の旗を立てた究極のゴルフ狂について知る術《すべ》はなかった。

やがて蒸発はさらに進み、1967年にはコース全体が塩田と化すまでに浸食が進行、彼の労作は死海の一部に呑まれてしまった。

いま、最も低地にあるのがオランダの「ロッテルダム・ゴルフクラブ」だが、せいぜい海面下8メートル程度。それでも一部マニアから、「ダフると海水が吹き出すコース」と呼ばれてけっこうな人気だと聞くが、もちろん吹き出るはずもなく、ただのジョークにすぎない。

塀の中の懲りないゴルファー

C・ブラームスが、あの偉大なる音楽家の末裔であったかどうか、いまとなっては調べようもないが、20世紀のブラームスはコネチカットの司法事務所の助手だった。彼は車の中で女友達にピストルを一発、それも豊かなお尻に向けて発射した。弾丸は濃密に詰まった脂肪によって勢いが弱められたものの、脊髄の一部を損傷、彼女にマヒが残り、ブラームスには12年の懲役が宣告された。男女のトラブルの原因など知れたもので、スライスの原因のほうがはるかに複雑だ。

彼は州立刑務所に収監された。この段階ではまだクラブさえ握ったことがなかった。ところが所内でゴルフに関する2本の映画を見せられて、異様な興味を抱く。この話はE・ネイサンという元刑務所長が書いた『天国でもなく、地獄でもなく』という本に紹介されていたのだが、ブラームスをゴルフの世界に誘《いざな》った2本の映画の題名については触れていない。多分、これは推測だが、ボビー・ジョーンズとベン・ホーガンの映画ではなかったろうか。

彼は外部からゴルフに関する図書ばかり、際限もなく送ってもらう。日中は使役労働があるので、夕食後から就寝までが読書の時間だった。1年後、山のように積まれたゴルフの本は檻の中を占領し、やがて本は同室者からの苦情によって図書室に移されるが、その本棚の一角には囚人たちからこんな名前がつけられた。

「ブラームスの音楽室」

ある日、ネイサン所長のところにやっかいな請願が舞い込んだ。一人の囚人が、アイアンの差し入れを許可して欲しいと。

「大バカ野郎の、タチの悪い冗談だ！」

所長は怒って言下に却下する。どう考えてもゴルフクラブは立派な凶器であり、「9番アイアンの1本もあれば、100人の看守を殴り殺したあとで、悠々100ヤードのアプローチを楽しむことだってできるというもんだ」と、呼びつけたブラームスに噛みついた。

「でも私は、ゴルフをしてみたい」

「けっこうな話だ。わしもゴルフは嫌いじゃない。しかし、お前さんは自分がいまどこにいるか、肝心なことを忘れてる。ここは刑務所なんだ。金網が張ってあっても練習場じゃない。お前は囚人なんだ」

それでも懲りずに、ブラームスは数十回の請願をくり返している。1962年4月、刑務所に副知事がやってきて、運動の時間だけ「空いている檻の中で、外に看守を立たせ、ブラームスにクラブを渡す。30分後、クラブを看守に返してから檻の鍵をはずす」という条件を所長に持ちかける。

この一事から推察するに、ブラームスの身内には相当な実力者がいたようである。さらに、集め得る限りのゴルフ図書を送り続けたのも容易なことではない。おそらく彼は、いいところの息子だったと思えるのだ。

ここからが実にアメリカ的というか、わが国の刑務所からは予想もできないことだが、ブラームスは休憩時間だけ独房に入って、いよいよスウィングに取り組むのである。そして、思わず笑ってしまうのが所長の次のくだりだ。

「膨大な量の技術書を読み漁ったにもかかわらず、私が見に行ってみると、彼のスウィングはぎこちないの一語につきた。スウィングの各部分については造詣が深くても、それらをつなぎ合わせるためのリズムとタイミングがまるで駄目だった。そこで私は、彼にアドバイスを与えることにした」

なんのことはない、所長も相当な〝教え魔〟だったようである。

1964年には、まさにボビー・ジョーンズの再来を思わせるほど見事なスウィングを身につけるまでになった。仮釈放を前にした彼を伴って所内の農園に出掛け、時間の許すかぎり実際にボールを打たせたが、その正確さときたら、150ヤード先きの細い畝《うね》の上に、ぴたりと白球の山が築かれるほどすばらしいものだった。

ブラームスは本当に模範囚だったが、ついに5年間の刑務所暮しで、人生に目標を見つけるまでに成長した。彼はプロゴルファーになることを夢見ている様子だった。

1964年11月、クリスマスが1カ月後に迫った日、12年の刑を5年でつとめ上げたブラームスは無事出所する。所長は彼に自分愛用のパターを贈り、いったい5年間で何冊ぐらいの本を読んだかをたずねた。

「入手可能な本は、全部読みました。暗記した技術の本も5、6冊あります。1行残さず暗記して、その通りにやってみて、自分のフィーリングに合わないスウィングを捨てるようにしたら、結局ボビー・ジョーンズだ

けが残ったのです。あの人は偉大だ。一度でいいから会ってみたい人です」

ジョーンズが亡くなったのは1971年12月18日だから、もちろんこの当時は存命だった。

「パッティングだけが課題として残された。刑務所は規則によって床をいじったり、床に物を置くことが禁じられている。もちろんトンネルを掘って脱走する者を防ぐためだ。パッティングの練習をさせたいと思っても、まさか所長の私が床にじゅうたんを敷くわけにもいかず、ついにブラームスはパッティングだけマスターすることなしに故郷のマサチューセッツ州に帰っていった」

1966年5月、彼はイースタン・アトランティック・アマ選手権に出場して、初日78、翌日は76で15位タイという立派な成績を残す。翌1967年の全米オープンは6月にバルタスロールで行われ、ジャック・ニクラスが優勝しているが、ブラームスはオークモントのコースで予選のまた予選に出場するまでになった。つまり彼は実戦ラウンドのできない刑務所でスウィングを勉強し、64年に出所して67年の全米オープンの予選に参加しているのだから、実際には2年数カ月の経験だけで見事なアマ選手に成長したこととなる。

さらに同じ67年、全米アマ選手権の予選に挑戦したが、たった1打及ばず涙を飲んだ。

「私は時間の許すかぎり、ブラームスの応援に出かけていった。おそらく彼は、世界でたった一人の〝刑務所カントリー〟の出身者にちがいない。だから必死で頑張って欲しかった。1968年の5月2日、パークサイドの近くのコースで試合があると聞いて、私は家内と応援に行ってみた。ところがボードの〝C・ブラームス〟の名前が2本の線で消されているではないか。

私は係りの人に、なぜブラームスは欠場したのかとたずねた。その男はぶっきら棒にこういった。

〝あの選手はこないよ。ゆうべ近くの道路で事故に巻き込まれて、死んだんだ〟

私は目の前がなにも見えなくなって、近くの木立ちの中にうずくまり、もうこのまま死ぬまでここを動かずに泣いていようと思った」

小さな橋の物語

セントアンドリュースで行われた1939年度全英オープンの最終18番ホール、「ディック」と呼ばれたリチャード・バートンが、およそ1メートルのパットを沈めて追いすがるアメリカのジョニー・ブラに2打差、カップからウイニングボールを拾い上げた瞬間が歴史の切れ目。それから6年間というもの、第二次大戦の戦禍に翻弄《ほんろう》されて全英オープンは中止を余儀なくされた。1946年、再開準備のためセントアンドリュースに動員されたドイツ軍捕虜、延べ2000人。機材乏しく、作業はスコップとシャベルによって行われた。復旧には多くの市民も自主的に参加している。

全米オープンの場合、「ミスター万年2位」と呼ばれたクレイグ・ウッドが、積年の屈辱を晴らすべくテキサス州コロニアル・カントリークラブで大暴れ、ようやく手にした優勝トロフィーにキスの雨を降らせた1941年が戦前の最終ゲーム。1946年、オハイオ州カンタベリーGCでつつましやかに戦後第1戦が開催されるまで、丸4年間ナショナル大会は空白だった。

やがて、兵役から戻った男たちは自由のシンボルともいえるゴルフに歓喜し、1948年にはベン・ホーガン、サム・スニード、ボビー・ロック、ピーター・トムソン、ケリー・ミドルコフ、ジュリアス・ボロスといった強豪が勢揃い、英米のゴルフ界は一挙に隆盛の時代を迎える。

こうした面々の中にあって、レイモンド・スミスの存在は灰色鴨のように地味だった。彼の印象について、サム・スニードは「一生つき合える男」と表現した。

「口数こそ少ないが、誰に対しても誠実に接して微笑が絶えず、素朴な農夫と肩を並べて日なたぼっこをしているような安らぎが感じられる。レイは本当にいい男だよ」

プロとしてはデトロイト・オープンに1勝しただけ。ウェストチェスターでは3日目首位に立ったが、最終日「80」の大叩き。1949年からは気が向くと試合に出る程度。父親が残したニューメキシコ州デミングの牧場に腰を据えると、経営の傍ら敷地内でボールを打ったり、趣味の帆船模型に熱中する悠々の人生だった。

1950年7月、子供と釣りに出た彼はエレファントビュー湖から流れくるリオグランデ川の下流で惨事を目撃する。増水によってアパッチ居留区の一劃《かく》が流出、数家族が行方不明になって老人ばかり途方に暮れていた。若者たちは都会に出て戻らず、置きざりにされた彼らには立ち上がる余力さえないように見えた。立ち寄った彼に、老人が呟いた。

「橋が流されてしまった。町に出たくても嶮《けわ》しい山道を半日も遠回りしなければならない」

翌日、彼は車を飛ばして市役所に赴くと、早急に新しい橋のかけ替えを依頼する。

「連中は不法居住者ですよ。何かを要求する権利などありません」

けんもほろろにあしらわれた。しばらく思案に暮れた彼は、コアントの町で建設業を営む義弟のブライアン・ハーシの会社につかつかと入り込み、いぶかる彼の腕をとって河畔に引き返した。

「買い物はもちろん、急病人が出た場合、彼らはどうなる？　いますぐ橋が必要なのだ」

「しかし、吊り橋は基礎にカネがいるよ」

「とにかく、おれたちでやるしかない」

大人たちに声をかけたところ、週末には20人もの屈強な男たちが駆けつけて全長14メートルの橋懸けが始まった。ところが肝心のレイの姿が見当らない。

「あいつは、どうした？」

「試合に出てるよ。戻ってきて月曜と火曜はここに泊り込みの重労働、水曜の朝には次の試合地に一目散だ。カネがいると言いながら……」

6カ月の歳月と賞金のすべてを注ぎ込んで、ようやく橋は完成した。いま核廃棄物の貯蔵所受け入れ問題で大ゆれのニューメキシコ州マスカレーロのアパッチ居留区にいて、当時住民から最も信頼されていた長老、ディアノ・ライナーは、橋の完成式に出席して次のように述べた。

「私たちは心優しきプロゴルファー、レイモンド・スミスの名を永久に忘れない。この橋は『誠実の橋《フェイスフル・ブリッジ》』と呼ばれるだろう」

　彼の努力はこれで終わらなかった。完成した翌朝から、今度は橋に至るまでの崖っぷちの道が細すぎて危険だと呟き、ひとり黙々と拡張工事に取り組みはじめた。なにしろ岩石相手の過酷な作業である。村の入口に達するまで3年余の難工事が根気よく続けられた。取材に訪れた『ウエスタン・ポスト』の記者に、彼は書き立てないで欲しいと言った。

「この私が人のお役に立てるとは思ってもみなかった。チャンスを与えてくれたことに感謝するばかりだ。そっとしておいてくれないか？　騒がれると自分でも動機が不純に思えてくる」

　翻《ひるがえ》って、1995年の阪神・淡路大震災にレイの美談が重なってならない。京阪神にはゴルフが縁の知己も多く、すべての人と連絡がとれるまでの数週間は憔悴《しょうすい》の連続だった。六甲の「神戸ゴルフ倶楽部」に電話がつながって、いきなり南岡政一さんの元気な声に接したときは、不覚にも胸がつまって物が言えなかった。80年の人

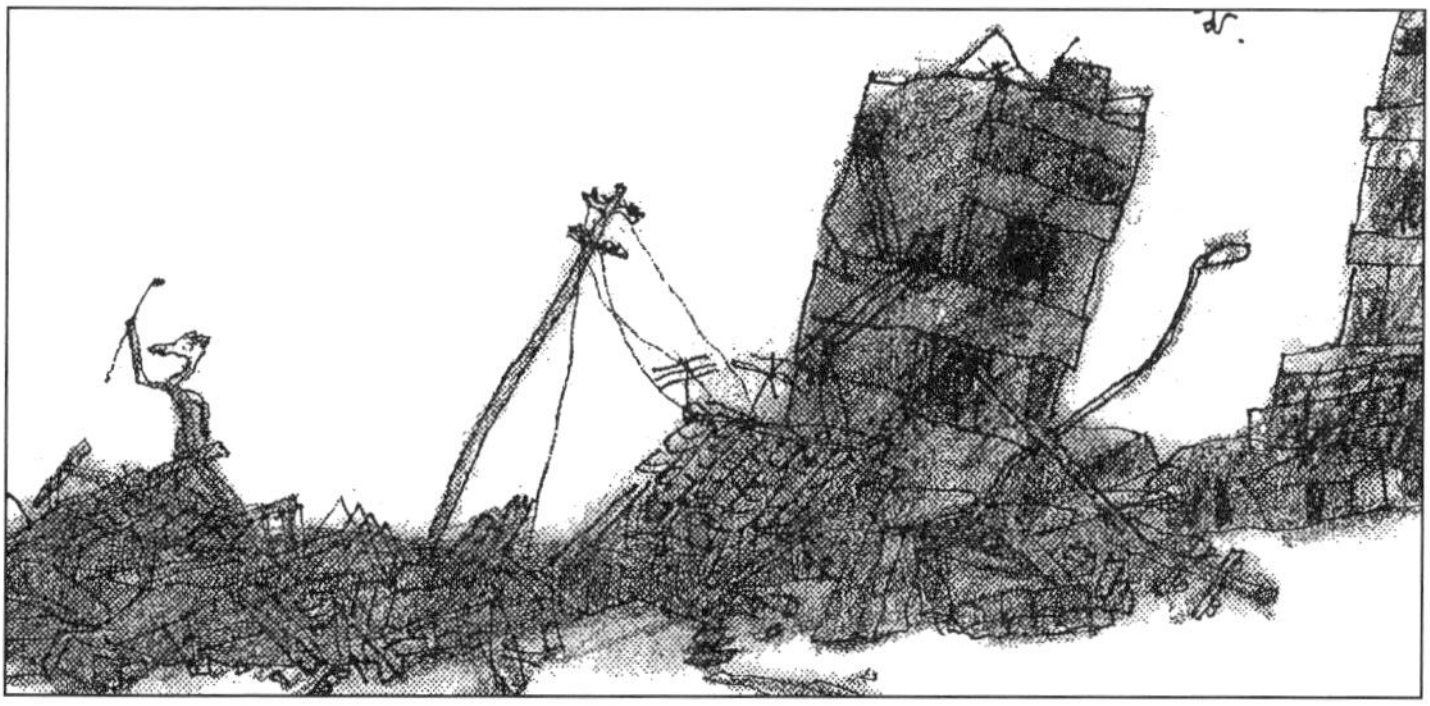

生のすべてを日本最古のゴルフ倶楽部に捧げてきた南岡さんは、

「復旧が最後のご奉公になります。負けるものですか。大丈夫です」

力強く言われた。廣野ゴルフ倶楽部の澤田保夫、順親子と心優しき一族もみな無事、山羽仁支配人もお元気とわかったが、西宮市に本社のある新井組の皆さんと連絡がとれない。深夜、テレビから流れる死亡者のお名前に、もしや知った方がいまいかと食い入るように見つめる不安の時間は、いま思い返しても胃が痛むものだった。やがて、新井組の花房正次郎社長からお人柄そのまま、大災害に遭遇したとも思えない温和で誠実な文面のファックスをいただき、さらに虫明良訓専務からも一通のお便りを頂戴した。虫明さんは私が最も信頼する友人であり、豪快な男っぷりはプレーにも顕著に現れて、スケールの大きなゴルフを披露してくれる。

復興対策本部長に就任した彼は、直後から電気も水もない社屋に泊り込み、避難所暮らしの家族とも滅多に会えない超多忙の日々が数週間続いたある日、ようやく崩壊した自宅に戻って修羅場のあと片づけをする。心のどこかで、ゴルフクラブが無事であって欲しいと念じていたのだろう、お手紙にはこう書かれてあった。

「散乱する本やガラクタと化した家具の下から、無事であったゴルフバッグを取り出したとき、それまで忘れていた笑みがこぼれました。思わずひと振りする私の姿に、家内も久しぶりに笑ったのでした。これほどゴルフが渇望されるとは思ってもみなかったことです。いまからプレー再開日の1番ティに立ったよろこびを想像すると、身震いが致します」

ゴルフと共に歩む幸せが、ひしひしと伝わってくる素敵な文章だった。思えば関西の友人は揃って不屈の闘士ばかり、私には過ぎたるダッファー仲間だと改めて気づかされた。

だが、悲しいことに森羅万象は歳月と共に風化するのが宿命だ。いまから私たちに何が出来るか、その答えは橋の完成後も休むことなく岩石を削り続けたレイモンド・スミスの誠実な姿勢が、無言で教えてくれるように思う。

日は静かに流れ

夜明けと共に起きだした老人は、裏手の野菜畑から露のしたたる旬《しゅん》ばかり集めると、白い小さな家のベランダに座ってひとり悠然、朝食にとりかかる。毎朝蒔《ま》かれるパン屑にはおびただしい小鳥が群れ集まって、ついに食卓までが彼らの楽園となった。1901年、カリフォルニア州モントレーの農家で出生、1983年の晩秋に同地で亡くなったゴルフの権化《ごんげ》、オーリン・ダトラの朝は、愛犬ボブも寄り添って豊かな風景だった。

毎日午後になると、10キロほど離れた町に住むコラムニストのチャーリー・ウッド夫妻が車でやってくる。ときには締切りに追われた夫を残して、アン夫人が一人で現われることもあった。夫妻も畑仕事が大好き、丹精こめた植物の成長に一喜一憂したあと、ベッドメークも忘れなかった。月に一度、病院の定期検査に連れだした帰り道、ウッド家に立ち寄ってとる楽しい夕食がオーリンには待ち切れない様子だった。彼が亡くなるまで、近所の人は愛情こまやかなアン夫人が実の娘だと思い込んでいた。

「おかしな事ですが」

葬儀のあと、アンは隣人に打ち明けた。

「血のつながりがなくても、オーリンは私たちの父親でした」

「というと?」

「複雑に聞こえるでしょうが、とても簡単な話。そのうちに主人が雑誌に書くと思うので読んでください」

やがて『ゴルフ・イラストレイテッド』に発表されたウッドのエッセイは、このゲームと生涯対峙した真摯《しんし》な一ゴルファーの素顔を伝えて見事。さらに赤の他人でも血縁者より仲良く暮らせる機微がさりげなく伝わって申し分ない。

オーリン・ダトラは、1930年代前半の最高のプレーヤーだった。ミネソタ州セントポールのケラーGCで行われた全米プロ選手権決勝では、対戦相手のフランク・ウォルシュが次のように述懐したものだ。

「あいつはズボンの裾《すそ》に嚙みついた犬と同じ。振りはらっても逃げるどころか、ますます喰《くら》いついてくる」

とにかくアプローチがうまい。どこからでも高低自在、ときには旗竿の向う側に打ってバックスピンを利かせ、反対方向からカップインさせる曲芸まで披露した。このときの全米プロでもチップインが3回、フランク・ウォルシュは心臓に悪いといって彼のアプローチは見なかった。4アンド3で負けた瞬間、オーリンのキャディバッグから彼愛用のウェッジを抜き取って憎々しげに叫んだ。

「この汚いクラブ、1000ドルでおれに売らないか！」

メリオン・クリケットクラブで行われた1934年度の全米オープンでは、2日目が終ったところで首位に8打差、下馬評にオーリンの「オ」の字も出ない状態だった。ところが3日目になると、ジーン・サラゼン、ウィリー・コックス、ボビー・クルックシャンク、ヘンリー・クーパーといった実力者が一斉に飛びだして大混戦。その中に割って入ったオーリンが、ここでもグリーンをはずしてはチップイン・バーディ、バンカーに入れては直接カップイン。悪天候にもめげず一人だけ「71」のアンダーパーをマークすると、いよいよ最終日、サラゼン、コックスと1打の鬩《せめ》ぎ合いになった。

「おもしろかったよ、あの試合は」

晩年になって、翁はチャーリー・ウッド夫妻にゲームの詳細を語って聞かせた。

「ジーン・サラゼンの本名を知ってるかい？　ユージン・サラチェーニっていうんだ。イタリア系の人間は陽気で

カッとなりやすいのが特徴、あの男のゴルフも同様だった。最終日の12番と13番、彼のショットはピンから3メートルの好位置に落下した。ところがわしのボールが彼より内側についたから大変、カッとなってパットが入らず、反対にわしは彼のラインが参考になってバーディのあがり、2ホールで追いつき追い越したわけだ」

1打差の中に五人がひしめく最終18番、オーリンは7メートルの長いパットを沈めてようやく全米の覇者に輝くが、その優勝コメントがなんとも愉快。

「いまの気持ち？　一人になって、思いっきり笑って笑って、笑い死にしたい」

率直な人柄がにじむ言葉である。全米に優勝したならば、誰だって死ぬほど笑ってみたいのが人情。

完全主義者の彼は、頂点に立ってさえ完璧なるスウィングを求めて午前4時からの練習に明け暮れた。

地面の砂にヘッドのとれたシャフトで線を描くパッティング法も発明した。アドレスして、ゆっくりとテークバック、その間シャフトの先端は砂に触れている。

「いかにテークバックが至難の業か、それは砂上に残る幾筋もの線が証明する。5回のテークバックで5本の線が残ることもあった」

メジャーも含めて17勝したあと、彼はレッスンプロとして活躍する。この段階ではチャーリー・ウッドと面識がなく、モントレーの自宅で一家三人、仲良く暮らしていた。

「私がオーリン・ダトラの家を訪ねたのは1961年5月のことだった。その2週間前、61歳の彼が『61』のエージシュートを達成、そのスコアの凄さに仰天して取材の申し込み電話をかけたところ、来てもいいけれど、途中でどこかでおいしいコーヒー豆を買ってきておくれと言われた」

自宅には、彼一人だった。最愛の一人息子はドイツ戦線で戦死、2年前に夫人がガンで失くしていた。

「ほかにすることもなし、アプローチの研究ばかりしとるのさ。こいつは野球のトスと同じでな、根気よく続けとるうちに無意識の距離感が身につきはじめる」

「いまでも練習は毎日?」

「日課だよ。寝起きのショットはすがすがしいものさ。どうだね、一緒にタマでも打たんかね?」

どこかトボけて温かい人柄に、チャーリーは強くひかれて再度訪問する。親子ほど年齢が違う二人のあいだに友情が芽ばえ、やがて新聞記者からフリーの寄稿家に転身した機会に近くの町まで引っ越してくる。そこでアンと知り合って結婚、早くに父親を失くしていた彼女は、オーリンのことを実の親以上に愛した。

73歳の誕生日の翌日、元全米チャンピオンは再び「73」のエージシュートを達成。翌年にも「73」が2回、こちらはアンダー・エージシュートとしてギネスブックのゴルフ版にも記録された。

「私たちは仲のいい親子だった。オーリンは常に感謝の心を忘れず、誰彼構わず知り合った人に親切だった。日は静かに流れ、オーリンが少しずつ無口になったある日、私のことをジョンと呼びはじめた。彼には戦死した息子との区別がつかなくなったようである。そのときから私はジョンに変身したが、とても幸せだった」

信頼こそ人間関係のすべて、信じた瞬間から相手の体温が身近かに感じられるのが「人類の法則」だと、チャーリーは書いている。

彼のエッセイのタイトルは誇らしいものだった。

『私の父は全米チャンピオン』

ダッファー博士の高笑い

アバディーンから南東に85キロ、いかにも悠久のスコットランドらしい静寂の原野に、およそ場違い、生い茂るすすきと丈《たけ》比べの風情で鮮やかに翻《ひるがえ》る真紅の旗が18本。地元グランピアンの村人たちは、

「若い娘が18人も立ってるようで、色っぽいだろ？」

と、自慢そうに言うが、旗は旗、ゴルファーにとっての獲物、色気を感じる余裕などない。1896年に設立された「ダフタウン」は、全長5308ヤード、パー66、短いからといって油断は禁物だ。

たとえば点在する7カ所のショートホールすべて、一面びっしりと腰まで達する高さの稲科植物に覆われ、人が歩くための道以外に平坦な場所は見当たらない。ただ一点、グリーンに落とすしか方法がない残酷さは、ペナルティに満ちたスコットランドの中でも希有といえるだろう。もしショットが外《そ》れたとしたら、錯乱狂気の形相でラフと格闘するか、あるいは冷静にウェッジをコントロールするか、どちらにしても5ヤードずつ前進するしか道はないと思い知らされる。

コースはグルニー郡の片隅に位置するが、メンバーの多くはアバディーン、グラス

ゴー、エディンバラに散在するのも不思議な話。実は設立当初のオーナー、ガートルード・ヒックスが、グラスゴーに居を構える羊毛問屋の経営者であり、広く同業者からメンバーを募ったための事情だった。１９２５年ごろになると、エディンバラ在住の医師が熱心なゴルファーだったこともあって、新顔のドクター仲間数人が「ダフタウン」に出没しはじめる。その中の一人に温厚な内科医、フランク・ステーブルフォード博士がいた。

ものの本によると、博士は若いころから多少猫背だったこともあって老成の印象が強く、度の強いメガネ、三つ揃いのスーツでシコシコとボールを打つタイプだった。彼はまた名門ブランツフィールドのメンバーとしても名を連ね、ゴルフ仲間のE・H・フォードが編纂した『クラブ史』の中に、

「My good fellow, Dr.Frank Stableford」

の記述が見える。温和で控え目なインテリは多くの友人を持つものだが、博士もまた例外ではなかったようだ。しかし、１９２７年から戦火の拡大によって公式競技が中止される１９３８年までの期間、二つのクラブのチャンピオンボードはおろか、ベスト10位までの成績に博士の名前が見当たらない。ブランツフィールドの場合、「新年杯」から始まって年間17回の公式競技が開催されているが、博士は一度としてベスト10位以内に入賞しなかった。もちろん、スコアと人柄はまったく別物、博士は多くの人に愛される良きゴルファーだった。

さて、難コース「ダフタウン」界隈には、いまだに語り継がれる有名なエピソードがある。ここの16番ホールは若干凹地にあるため、375ヤード、パー4のラフ地獄に終止符を打って次のホールに向う際、踏み固められたケモノ道に惑わされてビジターの多くが逆方向に足を進める。そうした迷子のために、途中、「17番ホールは反対側です」と書かれた小さな看板が立てられているが、そのとき博士は大叩きした16番のスコア勘定に忙殺されていたのだろう、まったく無視したまま茂みの奥へと歩き続けた。道はさらに細くなって登り坂にさしかかったが、まだ間違いに気がつかない。村人は言う。

「信じられるかね？　その偉いドクターは20分も歩き続けて、ふと視界が開けたことに気づいたのさ。ぐるり眺めてみると、そこはなんとエイッシャーの丘の上。ワッハッハ。思うにドクター、16番で頭が真っ白になるほど打ったに違いないと、いまだにパブの肴《さかな》にされとるよ」

いいスコアが出るように、人知の限りを尽してメインテナンスに勤《いそ》しむ日本のコースと違って、「ダフタウン」

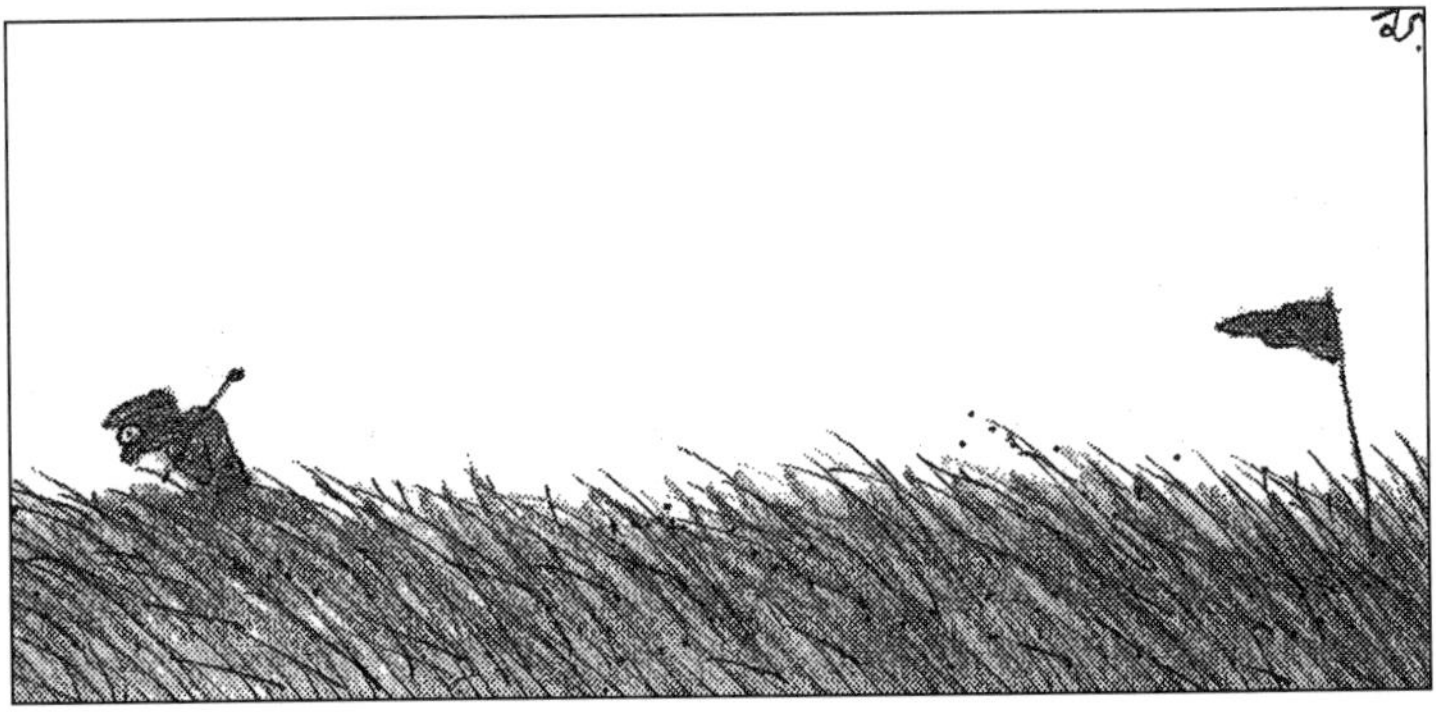

は大自然の無垢《むく》と戯れるのが目的、博士のスコアは壊滅的だったと想像される。打つたびに110打、120打の悲哀、いっそゴルフから足を洗おうかと思い悩む日々。

「スコアさえつけなければ、これほど面白いゲームもないのになァ」

漠然と考えていたある日、公園のベンチに座ってぼんやり眺めていた子供たちのゲームから天の啓示を受ける。地面に描かれた三重丸の中央に石を投げ入れて、真ん中が10点、次が5点、3点とポイントが減少、輪からはずれた石ころは、それがいかに遠くまで転がろうとも0点である。「ピットン」と呼ばれるこの素朴な遊びは、16世紀ごろから子供たちに人気があったといわれる。

「そうか！」

博士は興奮の余り、ベンチから立ち上った。

「ステーブル競技」、別名「ポイントターニー」が誕生した瞬間である。

1931年5月、ブランツフィールドのクラブハウスでは、これからスタートする40人ほどのメンバーを前に、博士が熟考を重ねてきた新システムについて熱弁をふるっていた。

「この競技法では、まずスコアカードの訂正が最優先課題となります。ハンディ10の人は、ハンディキャップホールの1番から10番までのパーに1打足してください。その足した数があなたのパーです。ハンディ22の人は、全ホールのパーに1打足した上、さらに1番から4ホールだけ、2打足してください。これで22になります」

当然、ハンディ36の人は、各ホールのパーに2打足したものがその人のパーとなる。ゴルフでは36が下限、それ以上に打つ人はコースに出る資格がない。

「さて、ハンディを加えたパーが、あなたのパーです。この数字が基準であって、パーが2点、ボギーが1点、ダブルボギー以下はいくら打っても0点です。0点になった場合、他人の迷惑にならないように練習でもしてください。もちろんバーディは3点、イーグルは4点になります」

「スコアの申告は？」

「必要ありません。ただし、個人的につけて歩くことは自由です。もし理解できない場合には通常通りにグロスを記入、提出してください。こちらでポイントに換算いたします」

一同、自分なりに基準打数が訂正されたスコアカードをポケットに入れながら、

「パーが2点、ボギーが1点」

などと呟きつつ、順次スタートしていった。そのホール、ポイントにならないとわかった瞬間、拾ってもよし、最後までプレーした上でスコアに触れることなく、

「わたし、0点でした」

これでケリがつくところが妙味。指のすべてを動員しても足りず、ようやく勘定した結果、「12」と告げて哄笑の的になる屈辱も解消されて、第1回の「ステーブルフォード競技」は大好評のうちに終った。この評判を聞きつけた雑誌『ゴルフ』が4ペ

ージにわたって紹介すると、1934年には多くのコースが正式競技の一つとして採用するまでになった。

ところで、朝イチのティショットがチョロ、OBに限って、1打だけ無罰打で打ち直しができる「マリガン」も、考案者は医学者のマリガン博士である。この不思議な偶然に耳を澄ませると、真面目で温厚、いくら打てども上達せず、しかしゴルフを愛することにかけては他にひけをとらないインテリの、微《かす》かなる高笑いが聞こえる。

ガントンの木

人々から「老いたるロックウッド」と呼ばれる1本の古木が、いつごろからそこに立っていたのか知る者はいない。

もし彼が森の中にいたとしたら、周囲に整然と聳《そび》える杉や檜と異って容姿美しからず、印象としては森から爪弾《つまはじ》きにされた異端と見えなくもない。木質は意固地に思えるほど堅く、ゆえに命名の由来となって19世紀までクラブのヘッドにも使用されたが、細工に手間取ることもあってゴルファーからも見離され、分類的には「雑木」と呼ばれるだけの存在だった。

しかし、「老いたるロックウッド」は、自分の転居先に最も賢明な場所を選ぶことによって、とかく卑屈な一族に勇気を与える役割りまで果たした。彼はイギリスのヨークシャー州スカボローの近くにある由緒正しきコース、ガントンの18番グリーンの左横に立って、ゴルフなど眺めて暮らすことにしたのだ。

先祖代々、強風と痩せた土地に居続けたためか、一族は身長が3メートル程度にしか伸びないのが普通とされる。ところが「老いたるロックウッド」の居場所は風光明媚、環境抜群、あたりに地下水を奪い合うライバルも見当たらず、半世紀のあいだに身長が5メートルに達するまで成長した。当然のことだが、彼が備えた風格に対して嫉《そね》む者も現れた。

「なんだよ、あの木。また大きくなったぜ」

「まったく邪魔なやつだ。夜陰にまぎれて誰か切る者はいないのか。みんなで懸賞金を出そうではないか」

　ほとんどのゴルファーが、グリーンの左側から受ける威圧にたじろぎ、決まって悪口を並べるのだった。実際、ボールを打つ者にとって彼は厄介な存在だった。フェアウェイの左サイドからピンを狙う場合、左に行くほどスタイミーになる。たとえ中央から打ったとしても、彼の立つ場所の前後に二つのバンカーがあって一面ハザードの印象が強いのだ。本当のところ、二つのバンカーは至って浅く作られているので、コースを熟知するメンバーの中には砂の上からパターで転がし上げる者もいた。

　反対に、彼を嫌って右に逃げすぎた場合、グリーンの手前から右にぐるりと一周する感じのバンカーが想像以上に深く、たとえば1967年のイングランド女子選手権に出場したヴィクトリア・フレッグ選手のように、この砂地獄から脱出するのに7打を要し、本当にオイオイ泣きながら引き揚げた例もあるほど、砂は前下がりに傾斜してゴルファーを手こずらせた。

　風が吹き、日は流れ、季節が正確にめぐり去っていく中で、彼もまた樹齢を重ねて葉の数もめっきり減ったが、しかし、いかに嫌われようとも、いまでは自分の存在価値について確固たる自信を持つまでになった。ここに立つことの意味について、心あるゴルファーが理解を示すようになったのだ。

たとえば1977年の全英アマチュア選手権が当地で開催されたときほど、自分が誇らしく思えたことがなかった。一流アマ選手にとって、この試合に出場するのは夢のまた夢、過酷さにおいても他に類のないデスマッチが日に36ホール、世界各地から選りすぐられた天才的選手を相手に、全部で9回行われるゲームのすべてに勝たなければならない。もちろん、勝者にはそれだけの見返りも用意される。燦然《さんぜん》たるトロフィーには、ボビー・ジョーンズ、ハロルド・ヒルトン、マイケル・ボナラックといった歴史的名手と肩を並べて自分の名前が刻まれるばかりか、全英、全米オープン、マスターズ、ワールドシリーズからも招待状が舞い込み、以後クラブが振れる限り、英国アマ代表選手としてプレーする権利も与えられる。

1977年の全英アマ選手権は、かつてないほど強豪が目白押しだった。好調時にはサム・スニードさえ倒してしまうジョフ・マークスは、猛練習が祟《たた》って右腕にヒビが入る不運に遭遇、直前になって出場辞退の憂き目をみたが、タイトル保持者のディック・サイドロフ、七つのゴルフ場のコースレコードを持つバーナード・メルドルム、全米アマの覇者ビル・サンダー、前年度全英アマ・チャンピオンのフレッド・リドレー、絶対にゲームを投げない執念の男ピーター・マッケボイ、電光石火の早打ちで知られるアメリカのトーマス・バーウィック、どれほど深いラフからでも打ち抜いてみせる「ヨークシャーのヘラクレス」ことレス・ウォーカーなど、各国アマゴルフ界の代表が続々と結集。コースには全英アマならではの殺気立った空気が充満して、観客はセキひとつ出来ない緊迫感に酔い続けた。

長いゴルフ史のなかでも、1本の木がこれほど勝負の明暗に大きな役割りを果した例はないだろう。

「老いたるロックウッド」にしても、これは予期せぬ出来事だった。つつましやかに立っているだけで十分なのに、いきなり晴れがましい舞台に引きずり出されて彼は困惑するばかりだった。試合初日、早くもディック・サイドローフが第2打目を枝にぶつけて、ボールはごつごつした幹の背後に密着した。他に方法もなし、パターで少し移動させるつもりが強く打ちすぎて、ボールはバンカーのへりに潜ってしまった。この失敗によって大物が一人消えた。大会の記録係が勘定したところによると、実に16個のボールが枝に当たり、幹に命中した。

『ザ・タイムズ』は次のように書いた。

「勝つも負けるも、老木のご機嫌次第」

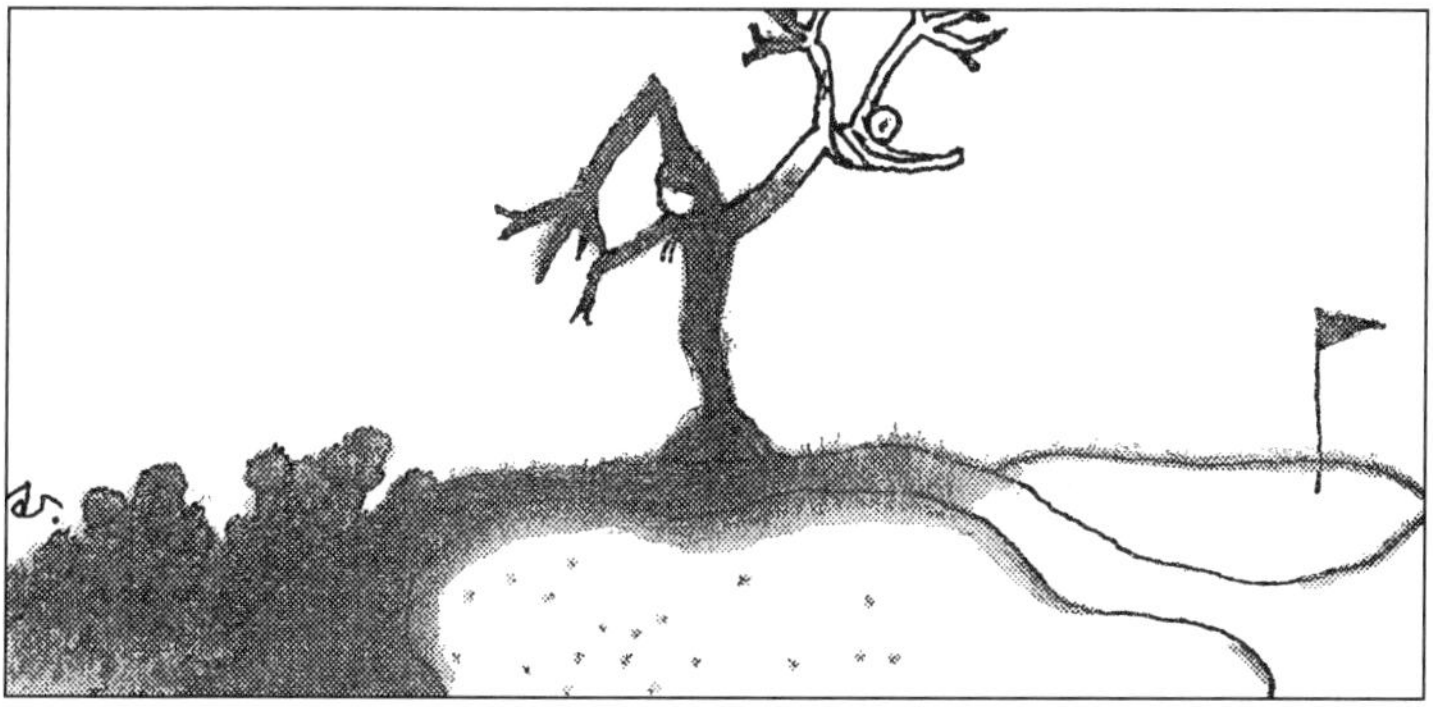

たしかに彼は気まぐれだった。たとえば寡黙なジョン・クローバー選手のように、幹に当たったボールが右に跳ねて土手のクッションで和らげられたあと、そのままカップに沈む幸運に恵まれた者もいる。

1953年にロンドンで生まれたピーター・マッケボイ選手も、初日から彼と直接対面することになった。枝に触れたボールは浅いバンカーに落下したが、そのときはパーで切り抜け、ことなきを得た。ところが2回戦では勢いよく幹に命中したボールが左に跳ねて深いラフに飛び込み、そこから脱出するのに3打を要する始末。3回戦ではフックしたボールが葉に当たって勢いが弱められ、次の試合ではトップしたボールが幹に命中、手前に戻ってトラブルから免れた。

準決勝の相手は、しぶとさで定評のあるポール・マッケラーだった。マッケボイは「老いたるロックウッド」のさらに左へ打ってしまったが、大きく打ちすぎたアプローチがいったん葉の上に乗ってしまい、ややあってグリーンの左隅に落下する不思議な出来事によって難を逃れた。決勝ではヒュー・キャンベルと対戦したが、ここでも幹の左側に当ててボールはバンカーに。そこから寄せて栄えある全英アマチャンピオンに輝いた。

「老木と格闘しましたね？」

尋ねられて、マッケボイは背後の奇妙な姿の木をふり返り、そして言った。

「2日目のことです。この木は神の手によって植えられたものだと気がつきました。

ゴルフでは運と不運が平等に存在すると、私たちに教えるためにね」

マッケボイの言葉は、「老いたるロックウッド」の身に余るものだった。翌年の春、コース管理の人間が彼の死を確認するまで、微動だにせず18番グリーンの横で老木は責務をまっとうした。

うしろに打つ勇気

いいスコアも願望のひとつだが、ゴルフの愉しみは小さな範囲にとどまらない。たとえば風、雲、樹々が織りなす自然の景観に浸ることも心の贅沢、かけがえのない喜びである。全英アマの覇者ハービー・ワードにして、「私のゴルフはプレーが半分、景色に魅せられての思索が半分」と言った。スコアの亡者に景色の記憶はない。

モンタナ州に住む山岳紀行家、レイモンド・オゥンズウェルには、『われ、名もなき山の登頂に成功せり』といった軽妙なエッセイもあって、大自然の描写の巧みさには感心させられるが、取材ついでのゴルフも相当な腕前だった。1977年の初秋、彼はカナダのサスカチェワン州メープルクリークに近い丘陵めざして愛車を走らせる。あたり一面に咲き揃う黄色いキスゲの花「ディリリー」は、古くから「インディアン・イエロー」と呼ばれて伝説にも登場、季節には息をのむお花畑が出現して好事家の穴場でもあった。

「丘陵が近づくにつれ、立看板の数が増えて不吉な予感に襲われる。地球を歩いていると頻繁《ひんぱん》に遭遇する胸騒ぎの一種、血の匂い、人間どもの暴虐の気配だ。やめてくれ、見たくない、もう沢山だと心の中で叫びながら山道に差しかかって急停車する。見馴れた砂利まみれの林道は消滅し、そこには広々とした舗装道路が開けていた。やはり危惧は適中したようだ」（『メープルの蜜』より）

一面鮮やかに黄色く染まっているはずの丘には芝のマウンドが出現して、ゴルフカートが走り回っていた。彼は「ディリリー」がどうなったのか、コースの支配人に尋ねた。

「ご心配なく」

支配人は、1番ティ周辺に小さく集められた黄色い花をゆび指しながら言った。

「各ホールのティに置いて、毎日水をやっていますよ。よろしかったら1本根分けして差し上げましょうか？」

山岳紀行家は、ゴルフの原罪について考察する。

「20世紀のゴルフは、破壊の上で戯れる傲慢なスポーツに変身したと考えるべきだ。森も丘も元に戻すことはできない。せめて謝罪の意をこめて謙虚に遊び、もうゴルフのために破壊しないと私たちは誓い合うべきではないのか」

気持ちの整理がつくまで、しばらくゴルフに近づかないと彼は書いている。二律背反、心あるゴルファーが水面下で痛みを感じているトゲに触れた彼は、あまりの痛さに呻吟したようである。

１９７１年、イギリスのベッドフォードシャー地方裁判所に一通の訴状が提出された。原告ハリー・ウィートマンは当時59歳、釣りと狩猟が好きな郵便局長だった。彼はこよなく森を愛し、川を愛し、ウォーバーン地方の緑豊かな静寂を愛していた。ある日、釣りから帰る道すがら、森の中で不審な動きをする男たちに気づいて詰問する。

「きみたち、そこで何をしとるのかね?」

「測量さ」

「何のために?」

「36ホールのゴルフ場を作るのさ」

それを聞いて郵便局長は大笑い。あきれたと言わんばかり、首振りながら忠告した。

「ご覧の通り、ウォーバーンの森は樹齢数百年の大木ばかりだ。しかも濃密に茂って動物さえも通り抜け困難、地元に住むわしらでも迷い子になるというのに、ゴルフ場だと? いまのうちに諦めなさい」

「簡単な話だよ、親父さん」

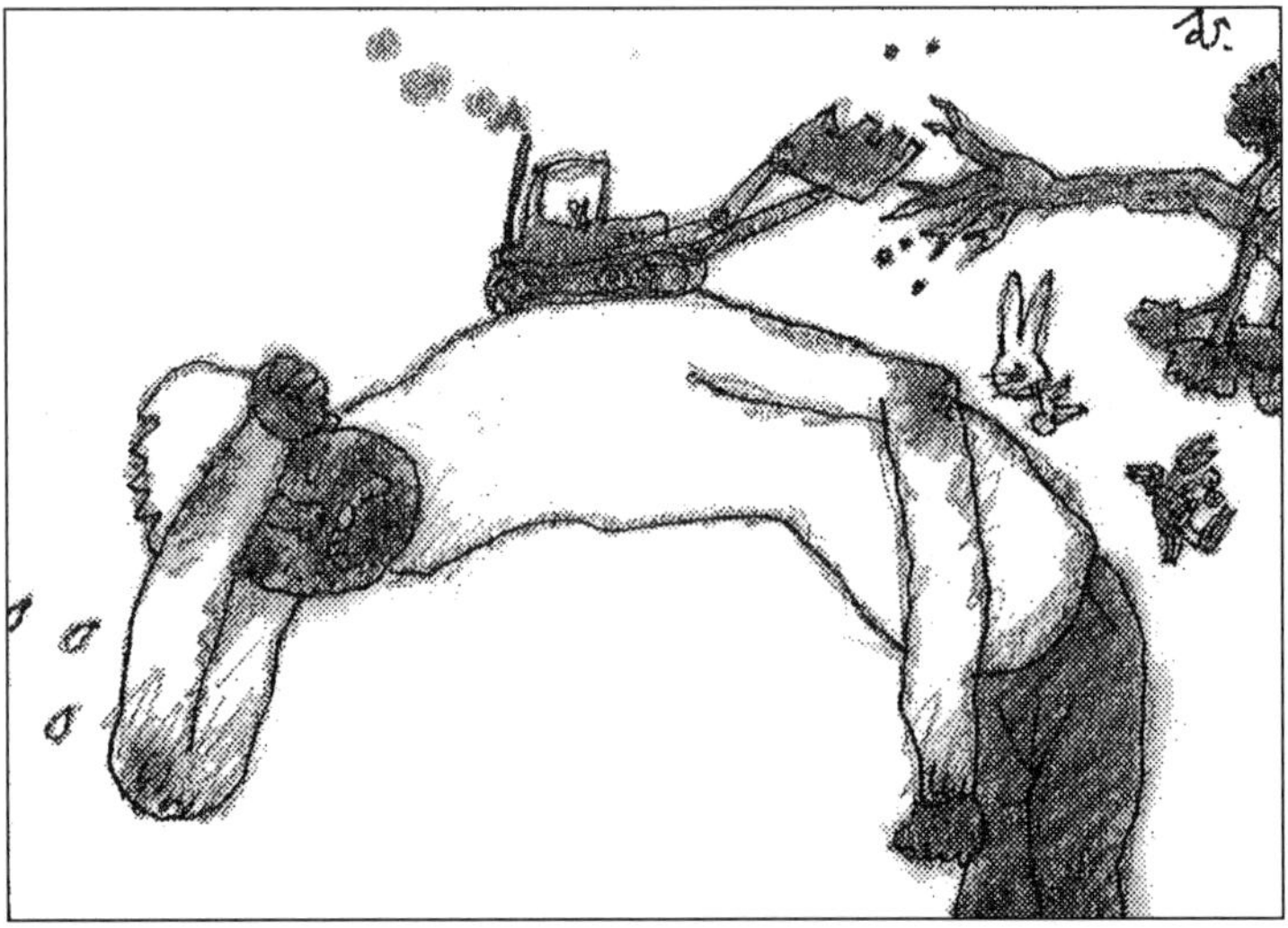

連中の一人が言った。

「ブルドーザーに不可能はない！」

まさかと思っていた翌年、本当に工事が始まるに及んで局長は第一線を退くと、毎日望遠鏡片手に張り込んでは破壊の現実を詳細に記録、それを訴状にまとめた。

「木の悲鳴、逃げまどう動物たちの悲鳴をお聞きください。これは許されてはならない虐殺行為です。法の力をもって、いますぐ彼らの横暴に歯止めをかけないと、やがてイギリスから、いや地球上から森が失われて生命の存続さえ危ぶまれる事態が到来します。どうぞ森を助けてやってください。私たち人間が、婉曲な手段によって人間を殺そうとしている現実に気づいてください」

悲痛な文章が随所に見受けられる。のちに自然保護団体がコピーに使用したこともあって、「ウィートマンの訴え」は歌詩にも転用され、多くの人々が心を動かされた。にもかかわらず、裁判所の判決はニベもなかった。

「開発に違法性なし。原告の訴えを却下して工事の継続を認める」

チェーンソーが唸り、ブルドーザーが走り回って「デュークス」が１９７６年、３年後の１９７９年には「ダッチェス」がオープンした。その年の12月、ウィートマンが心不全で亡くなった。『ザ・ネイチャー・マガジン』が報じたように、本当の死因は「憤死」だったのかも知れない。

ゴルフ場は多くの木を殺してきた。天才ジョージ・クランプがニュージャージー州クレメントンに世界一のコース、「パインバレーGC」を設計した際、良心の痛みに耐えかねて切株の勘定を命じた。11ホールの造成で倒された木が2万2000本と聞いて彼は呻き、二度と勘定させなかった。ゴルファーとしても辛い話である。

もちろん、コース建設によって荒地に緑広がり、多くの動物や鳥たちが群れるまでに甦った例も枚挙にいとまない。たとえばネバダ州の砂漠にその片鱗を見ることができる。しかし、もうこれ以上コースはいらないとの声には厳粛な響きがある。たとえば鹿児島県の奄美大島、竜郷町に建設が予定されるゴルフ場の敷地内で、希少種「アマミ・ミナミサワガニ」が発見された。このカニは環境庁のレッドデータブックに掲載されている珍種であって、1973年に九州大学研究班が徳之島と奄美大島南部で捕獲した新種である。今回、上戸川で5匹採取、世界の学界から注目を集めている。

もしゴルフ場が作られた場合、長さ950メートルの上戸川の上流800メートルまでが埋められるため、絶滅は間違いないと鹿児島大学水産学部は眉をひそめる。市民グループでは、それ以前から天然記念物「アマミノクロウサギ」の生存を脅かすゴルフ場計画に猛反対、県を相手に開発許可の取り消しを求める訴訟を起こしていた。

「わしら、ゴルフ場など求めておらん。ウサギの土地、カニの土地に触れてくれるな。もともと連中が先におったこと、忘れるな。人に迷惑かけて、何がゴルフだ」

電話取材に応じてくれた町民の声は悲痛だった。ウサギのため、カニのために涙する人々がまぶしいとも思った。

前進本能が旺盛に働くゴルフにあって、ときには背後に打たざるを得ない事態も生ずる。これも一つの勇気、本物のゴルファーに求められる大事な資質である。またゴルフには、他に迷惑をかけない掟《おきて》が凛として存在する。こうした騎士道が伝統あるゲームの核となってこんにちに至ったが、いま、開発の美名に隠れて森に突進しようとブルドーザーが身構え、希少種の生き物を踏みつぶす残虐な行為に弁明ばかり優先させて良心の片鱗すら窺えない。

ウサギやカニを殺した土地の上でスコアに汲々とするぐらいなら、私はクラブを折って山奥に引っ込むつもりだ。

ゴルフへの恋文

絶えず資料漁りに追われる日々、読書に季節感など求めるいとまもないが、それでも出色の才媛、清少納言が身近に感じられる麗冷の季節になると、つい読みたかった1冊を手元に引き寄せる。10世紀ごろの都《みやこ》に生きた彼女は、類《たぐい》まれな機智と才気と旺盛な好奇心に恵まれた天才的コラムニストだが、とりわけ有名な一文が「春は曙」にはじまる不世出のコピーである。その彼女にして、

「いろいろあるけど、やっぱり日本の四季は秋でキマリよ！」

パチンとゆびを鳴らした気配が、なんとも爽快でたまらない。そこで巷《ちまた》が眠りについたあとの秋の夜長、虫の音に囲まれて、今宵は1961年に1万部だけ出版されたゴルフの名著、『The Brabazon Story』の世界に身を委《ゆだ》ねることにした。

著者のロード・ブラバズン・オブ・タラは、1884年にイギリスの名門貴族に生まれ、下院から上院に転出した政治家である。さらに民間飛行機操縦免許証の第1号保持者であり、6歳からゴルフにのめり込んでとどまるを知らず、1952年にはR&Aゴルフ倶楽部のキャプテンもつとめた。1964年に亡くなったときの肩書が「英国ゴルフ協会会長」だった。全盛時のハンディが0。また途中、プロゴルフ協会

の会長に就任して、とかく閉鎖的なプロの世界に大胆な風穴を開けたことでも知られる。

ことゴルフ史的視野に限って見ると、卿のデビューは衝撃的だった。1940年6月、下院軍事外交委員会は長い質疑を終えて全員席から離れようとしていた。前夜三度にわたって鳴り響いた空襲警報のため、誰もが寝不足の表情だった。そのとき、声が大きいことでは人後に落ちないロード・ブラバズン下院議員が、いましもドアから出ようとする陸軍大臣を呼び止めた。

「閣下、お待ちください。少々お尋ねしたいことがあります」

「?」

「仄聞《そくぶん》したところによると、陸軍はロンドン南東ケント海岸に、対戦車砲演習地の建設を予定されているとか」

「その通り。建設は急を要する」

「して、その場所は?」

「海岸のゴルフ場だが」

折しも同席していたのちの電力総裁、ベンジャミン・

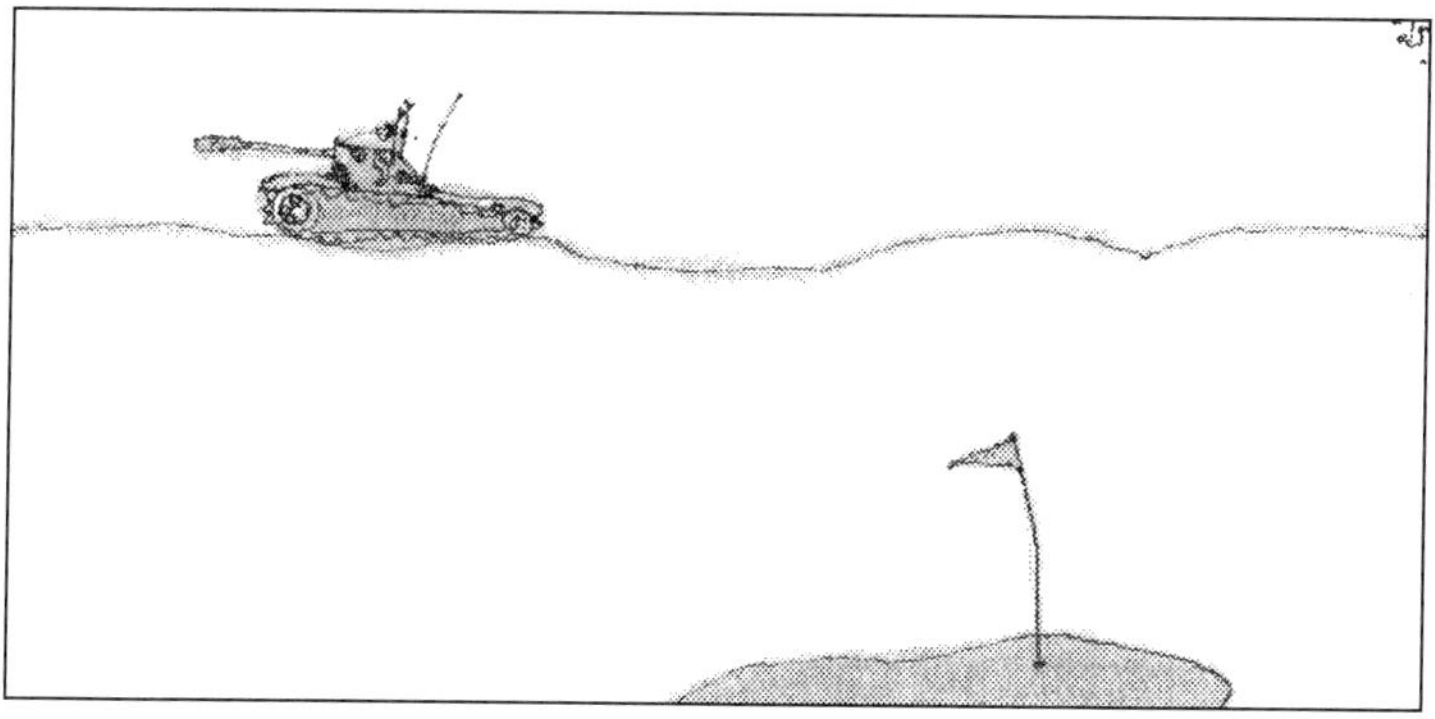

ヨーク卿の回顧録によると、次の瞬間、下院議員は大臣の顔面50センチの至近距離まで走り寄って、呻くように言った。

「海岸のゴルフ場ですと！　閣下、よくお聞きください。あれは一言のもと呼び捨てにされる空地ではありません。1887年に設立された王室承認の由緒正しきコース、ロイヤル・セントジョージズ・ゴルフクラブなのですぞ。いわば歴史と伝統によって築かれた国家的財産、その聖地にあなたは砲弾を撃ち込もうとしている。なんたる蛮行、許し難い愚挙だ。陸軍は、いままさにレンブラントの名画に泥を投げつけようとしている！」

その場に居合わせた全員が震撼し、身じろぎする者とてない迫力のシーンだった。大臣はうなだれ、「再考しよう」と呟いた。

1941年、運輸大臣に迎えられたブラバズンは、戦局の激化によって雑誌『ゴルフ』が休刊されるかも知れないと聞くや、社長がゴルフ仲間だったこともあって直接社内に上がり込み、次のように嘆願する。

「きみは辛《つら》いとき、何を考える？　私はゴルフのことを考える。かつて歩いたコースの風景に始まって、まぐれ当りにせよ、思い出すたび表情がゆるむナイスショットのシーン、断腸の思いのミスショットの数々。それもまた楽しい思い出と化すところがゴルフの長所だろう。いまは辛い時期だが、反対に希望が必要とされる時期でもある。たとえ1ページでもいい、私たちに夢を与え続けてもらえないだろうか。よかったら、いつでも私が原稿を書こう」

卿の熱意に動かされて、雑誌は24ページの薄いものに変身を余儀なくされたが休まず刊行、国民不退転の原動力とさえ称賛された。

「ゴルフには、人を突き動かす力があるように思う。ゲームが近づくにつれて、精神、肉体ともに純粋かつ春風のような優しい力が漲《みなぎ》り、どことなく浮立つのがその証拠である」

1947年ごろから、卿のゴルフに関する執筆活動が旺盛になる。イギリス国内はもとより、依頼されるとアメリカの雑誌にも寄稿した。これが保守的な連中の神経にさわったらしく、

「ブラバズンは、アメリカのゴルフにも色目を使う節操のない男」

聞こえよがしに揶揄《やゆ》する者もいた。すると次なる一文が投げ返された。

「この偉大なるゲームには、人種、宗教、言語、習慣など超越して、世界中の老若男女のすべて、共通のよろこびを発見する魅力が満ち溢れている。ゲームのどこに国境があるというのだろうか。まさにゴルフは、スポーツのエスペラントと呼ぶにふさわしい」

「もし相手がゴルファーならば、もう話題に困ることはない。いくばくもなく話し合うことで心が通い、やがていつしかゲーム讃歌に終始するはずだ。ゆえに胸を張って申し上げるが、私には世界中に友人がいるのである」

「いいスコアばかり求める人物を見ていると、存在するはずもない秘宝探しに熱中する欲の亡者を思い出す。もし72のスコアが出たとしよう。それでも惜しいショット、惜しいパットがあるのがゴルフ。彼は内心、地団太踏むに違いない。もしあれが入っていたら、アンダーパーになったのに、と。人間の欲には際限がないので、彼は結局ゴルフから満足を得られることがないだろう。しかも皮肉なことに、この拙文を読んで彼が視点を変える日は永遠に来ないと断言できる。なぜならば、最も書物を必要とする人ほど、まったく書物に近づこうとしないからだ」

「アマの名手、ロジャー・ウェザレッド君が私のスウィングを称して、〝ベスト・バッド・ゴルファー〟と呼んだものだ。やれやれ、せめて〝ワースト・グッド・ゴルファー〟と呼ばれなかっただけ幸いだと思って、さらに自己流に磨きをかけるとするか」

「人生をふり返ってみると、自分でも信じられないほど多くの要職についてきた。しかし、R&AのキャプテンとPGA会長の座に選ばれたときほど歓喜に震えた瞬間はない。これ以上、いかほどの名誉があるだろう。もって私の双璧と自賛する」

亡くなる前年、卿は回顧録の一節をテレビカメラの前で読み上げた。

「わが人生を顧みて、最も多くのよろこびと教訓を与えてくれたのはゴルフだった。ゴルフは私の恩師であり、人生そのものだった。偉大なるゲームに触れた歳月は常に充実し、幸せに満ちていたと、いまになって気がつくのである。願わくばケンブリッジの大学生だったころのように、1日4ラウンドも駆け回らずとも、せめて1日36ホール、いや18ホールでもよろしい、背骨がひしゃげるほどボールを叩いてみたいものだが、いまとなっては無理な相談。そこで楽しかったプレーの数々を思い出し、晴れた日にはいそいそとコースに出るのが私の晩年、とても幸せである」

72歳のとき、あと1打縮めるとエージシュート達成の場面を迎えたが、短い72打目を外して呆然としたあと、「分相応だね」と呟いたそうだ。

これを達人の域《いき》というのだろう。

壮大なる旅路へ

かなり以前から、一つの疑問にこだわり続けて最近まで悶々《もんもん》と過ごしてきた。答えの輪郭《りんかく》はおぼろに見え隠れするのだが、どうしても核心にぴたりと着地せず、まるで修行すれども一向に悟りがひらけない凡僧の悲哀にも似たもどかしさに焦りながら、馬齢ばかり重ねてきた。ところが過日、不意に一陣の突風が吹き抜けて霧が晴れたのである。

「そうか。こういうことだったのか！」

思わずヒザを叩いたが、世紀の発見というほど大げさなものではない。それでも、こうした視点からゴルフの本質に迫った前例はないかと英米の知人に尋ねたところ、数例、「宗教的存在としてのゴルフ」について書かれたものはあるが、お前さんの着眼は初耳、これで謎が解けたと言ってくれた。ようやく長年の隔靴掻痒《かっかそうよう》から解放されて、いま私には愛するゴルフの素顔がよく見える。

順を追って説明すると、まずはウェブスター・エヴァンスが1950年に出版した名言集、「In Praise of Golf」（ゴルフを称《たた》えて）に収録されたジョン・ヘンリー・ティラーの言葉、万事はここに始まる。彼はゴルフを定義して次のように言ったのだ。

「このゲームを単なる娯楽とみなす者にとって、ゴルフは永遠の謎となるだろう」

なにしろ名言集とあって簡潔が身上、前後の説明がない。ゲームの深奥について述べたはずが、さわりだけ紹介された感じだ。あるいは彼が残した2冊の本の中に前後の部分が眠っているかも知れないと思って、「Taylor on Golf」（1902年刊）、「Golf:My Life's Work」（1943年刊）などめくってみたが、該当する言葉が見当たらない。単なる娯楽ではなくて、何だと言いたかったのだろう。19世紀後半から20世紀にかけて、それまでのゴルフを大きく変えた「三巨人」の一人だった彼は、1963年2月10日、故郷のイングランド、ノースデポンで92歳の生涯を閉じている。謎は、謎のまま残されてしまった。

さて、アメリカのゴルフ史家、ローレンス・シーハンによると、この興味尽きないゲームには無限に近い定義が宿っているそうだ。

「ゴルフとは……」に始まる名言集だけでも数十冊あるわけだから、彼の表現も決してオーバーではない。しかし、どれを読んでも核心にぴたりと着地しないのだ。

「ゴルフって、一体何だろう!?」

機会あるごとに多くの方々に尋ねてみたが「人生の疑似体験説《シミュレーション》」から「上等の娯楽説」まで、まさに千差万別、定義は無限だった。そうしたある日、何気なく見ていた新聞の片隅にあったのが大学の入試案内。次の瞬間、目から鱗《うろこ》が落ちた。

「そうか。ゴルフが学問の集大成だったとは、うかつにも……」

呟きながら、手近にあった紙に思いつくまま書き始めた。まず「歴史学」がある。最古の記録は１４５７年だが、それ以前となると中国、オランダ、フランスが入り乱れて、ついにはローマ発祥説までたどる壮大な歴史の旅である。さらにゴルフ用語の原形にケルト語が多く起用された謎も歴史と考古学に属する話。もちろん、スコットランドのスチュアート王家に始まるゴルフの人脈探訪も歴史の範疇であり、ゲームの置かれた位置まで考察するならば「人文社会学」の出番でもある。また、ゴルフが数世紀にわた

って目と鼻の先にあるフランス、オランダ、デンマークに輸出されなかった事情も、歴史、社会学的に見て興味深いテーマといえる。

次に「物理学」が登場する。説明するまでもなくスウィングは構造力学、基礎工学、耐震工学が基本となって、遠心力が究極のクライマックス、動作の末端までが物理と科学によって構築される。この中には摩擦、相対的捻転、水平と上下動の力学、回転の法則など、多くの分野が含まれる。スウィングとは、まぎれもなく物理学であり工学そのものといえる。

加えて「心理学」も重要なテーマだ。すべての球戯の中で、ゴルフほど考える時間がたっぷり与えられたゲームもまれだろう。スウィングはたかだか3秒のドラマ、あとはひたすら歩きながら悩み、反省し、絶望に暮れるだけ。会心の笑《え》みをもらす場合もないではないが、まあ希有《けう》である。ゴルフが技術のゲームだと思い違いしている限り、ほぼ永遠にミスショットと訣別できないのが斯界の常識。このゲームの半分が技術、半分が心理学によって成り立つセオリーからして、インナーの武装はゴルファーにとって必要不可欠な要素である。

さらに、「経済学」も必須科目に加えなければならない。無駄なパワーの省略、余分な打数の削減、合理的なタメからくり出される経済効果こそショットの秘訣。ここまでくると、風の計算、傾斜とロフトの足し算、引き算が加わって「数学」も要求される。たとえば5度の前上がり斜面から打つ場合、ロフト角45度の9番アイアンに5

度加算、実際にはピッチングウェッジの平均的ロフト角と同じになる。下り傾斜では、今度は引き算の出番だ。ゴルフは「数学」のゲームといって過言ではない。

次に視線をコースに転じると、ここもまた学ぶべき課題の数々。たとえば「地質学」「土木工学」「造園学」など、幾多の分野が結集して壮大な学問に昇華する「設計学」が燦然《さんぜん》とそびえ立つのだ。

「コースに関するすべてを知ること。これこそがゴルファーの義務である。知ることによってコースを慈《いつく》しみ、ひいては自然を慈しむ心が強くなるだろう」

伝説の名手、ジョイス・ウェザレッドの父親で名設計家としても知られるH・N・ウェザレッドは、著書「パーフェクト・ゴルファー」の中で、本物と呼ばれる人はコースの設計学に明るいと書いた。従って、この分野の勉強にも勤《いそ》しむ必要がある。第一、芝の種類も習性も知らずして、カップの前後を行ったり来たりするのは滑稽すぎるというものだ。

いやはや、学ぶべきことの多さによろめく思いだが、ゴルフ学はまだまだ終らない。このゲームは膨大な伝承によってこんにちまで栄えてきたが、その多くは詳細な記録に加えて「文学」も大きな役割を果たしてきた。たとえばアンドルー・ラング、ジョン・ペターソンといった詩人、P・G・ウッドハウスなどの作家群、バーナード・ダーウィンに代表される優れたエッセイの数々。こうした珠玉に触れずしてエスプリの世界がわかるはずもない。巷間、ゴルフの話題といえばスコアと自分のプレーだけ、それ以上一歩も前に出ない痩《や》せたゴルファー族が多くて辟易《へきえき》させられる。彼らがエスプリに関心を持たないがための空洞化である。

さらに、良きゴルファーでいるためには「気象学」も学ばなければならない。風雨と気温、湿度と体調は微妙に関係し合って、スコアの行方に決定的な影響を及ぼすからだ。もう一つ、これは個人的な好みに属することだが、できたら「美学」にもこだわりたい。繊細にして華麗なゲームに携わる者として、清潔、健康、明朗、率直はもとより、粋《いき》、洒脱、ユーモアについても学びたい。加えて、「法学」としてのルール習得も義務だ。

「ゴルフとは、遠大にして悠久な一大学問なり」

ようやくたどりついた「哲学」の道だが、引き返すことはできない。ゲームの鉄則にのっとって学びながら前進するのがわれらの旅路なのだから。

わずか6ページに納められた果てしなく大きな〝夏坂ワールド〟

1990年からゴルフを題材にした漫画、「風の大地」（原作・坂田信弘、ビックコミックオリジナル）を描いています。日本国内だけでなく、海外のゴルフ場にもずいぶんと取材に出かけましたが、描き始めたころは正直、ゴルフの歴史や物語にはあまり興味がありませんでした。

描きつづけるうちに興味が湧き、ゴルフの勉強をしてみようと思ったとき、ふと手にしたのが夏坂さんの作品でした。

その魅力を文字にするのはとても難しいのですが、あえて言うならば「一つひとつの作品に、一つひとつの世界がある」ということでしょうか。たとえばこの「賢者のダブルボギー」に納められた36話はすべて一話6ページですが、そのわずか6ページの中に、とてつもなく大きなゴルフの世界〝夏坂ワールド〟が詰まっているのです。

夏坂健さんは、とても精力的に、そして緻密な取材をされることで有名だったとうかがっています。一話二千数百字の〝読むゴルフ〟を作り上げるためには、その何倍もの資料や物語があったに違いありません。

私は2018年の3月号から月刊ゴルフダイジェストで、「ゴルフの微笑み」という連載を始めました。この「賢者のダブルボギー」の原本である「夏坂健セレクション」（全6巻、ゴルフダイジェスト社刊）を原案とさせていただいた、一話読み切りの連載漫画です。

いざ描き出してみると夏坂さんの作品を漫画にするのはとても難しいのですが、読み返してみるたびに新鮮で、心躍る日々がつづいています。

この「賢者のダブルボギー」をきっかけに〝夏坂ワールド〟と出合うことで、私だけでなく、皆さんのゴルフがより豊かなものとなることを、切に願うばかりです。

——かざま鋭二（漫画家）

夏坂　健　*Ken Natsusaka*

1934年（昭和9）神奈川県横浜市生まれ。翻訳家・作家。
週刊ゴルフダイジェスト1990年3月13日号より「アームチェア・ゴルファーズ」の連載を開始。シングルであった自らのゴルファー体験と、内外の厖大な資料をもとに紡ぎ出されるエッセイは機智とユーモアに溢れ〝読むゴルフの楽しみ〟という新境地を切り拓いた。主著は「ゴルフの虫がまた騒ぐ」「ゴルファーを笑え！」「地球ゴルフ倶楽部」「ゴルファーへの恋文」など。2000年1月19日、惜しまれつつ亡くなった。2007年「夏坂健セレクション」全6巻をゴルフダイジェスト社より刊行

夏坂健 Best of Best
誇り高きダブルボギー

2018年1月28日　初版発行

著　者　夏坂　健
発行者　木村玄一
発行所　ゴルフダイジェスト社
〒105-8670　東京都港区新橋6-18-5
TEL 03-3432-4411（代表）　03-3431-3060（販売部）
e-mail gbook@golf-digest.co.jp

組　版　スタジオパトリ
印　刷　大日本印刷株式会社

定価はカバーに表記してあります。乱丁、落丁の本がございましたら、小社販売部までお送りください。送料小社負担でお取り替えいたします。

　ISBN978-4-7728-4177-1 C2075